Linde von Keyserlingk

Die Welt, mit dem Herzen gesehen

Linde von Keyserlingk

Die Welt, mit dem Herzen gesehen

Die schönsten Geschichten für die Kinderseele
Band 2

HERDER
FREIBURG · BASEL · WIEN

Gedruckt auf umweltfreundlichem,
chlorfrei gebleichtem Papier

Umschlaggestaltung: Dietmar Prill, Freiburg
Umschlagmotiv: August Macke „Großer Zoologischer Garten", 1913
Museum am Ostwall, Dortmund

www.herder.de
Satz & Gestaltung: DTP-Studio Helmut Quilitz, Denzlingen
Druck und Bindung: fgb · freiburger graphische betriebe 2002
www.fgb.de
ISBN: 3-451-28015-9

Inhalt

Geschichten über Freundschaft

Geschichten gegen die Angst

Geschichten über den Tod und das Abschiednehmen

Geschichten über Trennungen und Neuanfänge

Geschichten über Freundschaft

Warum der Mond auch am Tage scheint

Manch einer weiß das nicht, aber Sonne und Mond sind Zwillinge, am gleichen Tag und zur gleichen Stunde erschaffen. Kaum geboren, sprangen sie in die Welt und tollten ganz übermütig darin herum, denn anfangs waren sie natürlich noch viel zu klein und zu jung, um Verantwortung übernehmen zu können. Das fiel auch nicht weiter auf, weil die Welt sowieso noch im Stadium ihrer chaotischen Anfänge war und der Begriff „Ordnung“ erst langsam und mühsam von der Schöpfung ins Leben gerufen werden musste.

Als Sonne und Mond etwas älter wurden, fingen sie an sich zu streiten, wie alle Geschwister das zuweilen tun. Sie zankten sich um Kleinigkeiten, aber sie stritten auch darum, wer stärker, größer, besser, beliebter und schöner wäre. Diese Streitereien wurden immer schlimmer, obwohl eigentlich niemand wusste, worum es überhaupt ging und die gütige Schöpfung mit Ermahnungen gar nicht mehr nach kam.

Einmal wurde es ganz schlimm. Sonne hatte Mond ausgelacht und dann auch noch sein Gesicht zerkratzt. Da zückte Mond sein silbernes Schwert und schlug seiner Schwester lauter Zacken aus der Krone. Sonne war darüber so erbost, dass sie mit Feuerschwaden um sich warf. Erde, die zufällig vorbei kam, erhielt dadurch lauter Brandflecken, die man später Wüsten nannte.

„Jetzt ist es aber genug!", rief die Schöpfung. „Wenn ihr euch nicht vertragen könnt, dann muss ich euch eben trennen. Du, Mond, sollst von nun an im Reich der Nacht leben. Und du, Sonne, sollst das Reich des Tages nie mehr verlassen."

Betreten zogen sich die Geschwister zurück, jedes in sein Reich.

Sonne lernte die Himmelsrichtungen und dass sie im Osten auf- und im Westen unterzugehen hatte. Sie lernte die Jahreszeiten nacheinander aufzusagen: Frühling, Sommer, Herbst und Winter und dass sie mal mehr und mal weniger scheinen sollte. Manchmal brachte sie die Reihenfolge noch durcheinander und ließ nach dem Frühling plötzlich wieder Schnee und Eis auf die Erde kommen.

„Nein, Tochter", ermahnte die Schöpfung geduldig. „Nach dem Frühling kommt immer der Sommer. Der Winter kommt erst nach dem Herbst. So muss es auch bleiben, sonst können sich Pflanzen, Tiere und Menschen nicht danach richten und sind verloren. Du trägst für sie Verantwortung."

Und Sonne lernte weiter die Reihenfolge von Frühling, Sommer, Herbst, Winter und wieder Frühling. Wie ich schon sagte, war es schwer, das Prinzip Ordnung in der Welt einzuführen.

Sonne musste auch lernen, die Bahn der Planeten zu lenken. Und was sie sonst noch lernen musste, habe ich im Augenblick vergessen. Aber es war eine Menge. Anfangs war sie sehr stolz, dass sie das Reich des Tages für sich allein besaß und darüber herrschen konnte. Aber je länger sie allein war, umso mehr erkannte sie, wie sehr sie ihren Bruder, den Mond, liebte und wie sehr sie ihn vermisste.

Mond erging es ähnlich. Auch er war anfangs stolz, das Reich der Nacht ganz allein zu besitzen und zu beherrschen. Er lernte die Herde der

Sterne ordentlich zu hüten und aufzupassen, dass der kleine Nordstern auch immer im Norden zu sehen war, damit Mensch und Tier sich danach richten konnten, wenn sie auf Wanderschaft waren. Anfangs schlief er noch manchmal ein, wenn er hüten sollte. Dann machten sich die Sterne selbstständig und sprangen vom Himmel herab. Die Menschen lachten und riefen: „Sternschnuppen, Sternschnuppen." Davon wachte der Mond wieder auf und schämte sich. Er hatte auch für die Gezeiten zu sorgen. Das bedeutet, er musste das Meer zu bestimmten Zeiten ans Land spülen und danach mit seinem Mondnetz wieder einfangen und zurückziehen. Wenn er das vergaß, gab es eine Flut auf der Erde und die Menschen schrien: „Land unter!" Dann rügte die Schöpfung den Mond. Er musste nachsitzen und den Monaten die Tage zuteilen. Das hat er bis auf den heutigen Tag nicht gelernt. Oft hat er plötzlich einen Tag übrig, wie dieses Jahr zum Beispiel. Den schmuggelt er dann in den Februar hinein.

Aber das alles war für den Mond nicht so schlimm wie die Erkenntnis, dass er seine Schwester über alles liebte und sie sehr vermisste. Es reute ihn, dass er sich in der Zeit, als sie noch beisammen waren, so sehr mit ihr gestritten hatte. Und schließlich beschloss er, sie heimlich zu besuchen und ihr das Liebste zu schenken, das er besaß: sein silbernes Schwert.

Als Sonne ihren Bruder kommen sah, mit dem Schwert in der Hand, dachte sie, nun wolle er auch noch ihr Reich an sich nehmen. Voller Wut sprang sie auf, entriss ihm das Schwert, brach es mitten entzwei und warf es in den Weltenfluss, wo es zischend verschwand. Als sie aufblickte, sah sie ihren Bruder blass und in Tränen. Und aus seinen Augen leuchtete so viel Liebe und Leid, dass auch sie in Tränen ausbrach und ihn voller Reue umarmte. Auf der Erde sah das aus wie eine Sonnenfinsternis.

„Ich wollte dir das Schwert doch schenken und dich um Verzeihung bitten“, stammelte Mond. Und Sonne schluchzte unter Tränen: „Wie sehr habe ich dich vermisst, liebster Bruder.“

Dann tauchte Sonne ihre Hände in den Weltenfluss, um die Schwertstücke wieder herauszuholen. Aber die hatten sich in zwei zierliche, rosige Göttinnen verwandelt. Die Geschwister staunten.

„Sie gehören dir“, sagte Sonne, „denn sie sind aus deinem Schwert entstanden.“

„Nein“, erwiderte Mond. „Sie sollen dir gehören, denn ich wollte dir das Schwert ja schenken.“

„Dann wollen wir die gütige Schöpfung bitten, unsere Reiche zusammenzulegen, sodass sie immer aneinander grenzen. Und an diesen Grenzen sollen die rosigen Göttinnen wohnen und uns beiden gehören.“

Die gütige Schöpfung freute sich, dass die Liebe in die Herzen ihrer Kinder zurückgekehrt war. Sie erfüllte ihre Bitte und band das Reich des Tages und das der Nacht zusammen, sodass jedermann erkennen konnte, dass sie, obwohl so verschieden, doch auf immer eine Einheit bildeten. Die rosigen Göttinnen bewachten die Grenzen und wurden Abendröte und Morgenröte genannt. Es sind bewegliche Grenzen, mal mehr hier, mal mehr da und von wunderbarer Schönheit, mal zartrosa, mal leuchtend goldrot.

Nun mag man sich fragen, warum die Geschwister nicht wieder zusammen in einem Zimmer wohnen durften. Erstens einmal waren sie ja nun erwachsen und da leben Geschwister nur sehr selten noch zusammen. Und zweitens kann das, was einmal erschaffen ist, also etwas Seiendes geworden ist, nicht wieder zurückgenommen und zu Nichtseiendem gemacht werden.

Was nun Sonne und Mond betrifft, so mussten sie wieder voneinander Abschied nehmen. Sie umarmten und umarmten sich und dann kam schließlich die Abendröte und führte den Mond ganz sanft wieder in sein Reich. Aber Mond verhüllte sein Angesicht und Sonne hatte keine Lust mehr zu scheinen. In jener Zeit herrschte Eiszeit auf der Erde und tiefe Trauer bei den Geschwistern.

Aber dann nahm Mond sich ein Herz und ging noch einmal heimlich ins Reich des Tages. Sonne strahlte. Sie schenkte ihm zum Abschied ihren Schleier. Den hängte Mond an seinem Himmel auf, wo er ihn immer sehen kann. Die Menschen nennen ihn Andromedanebel.

Der Mond kommt noch immer ab und zu heimlich in das Reich des Tages geschlichen. Er versucht dann ganz unscheinbar wie eine Wolke auszusehen. Man kann aber erkennen, wie vergnügt er ist und wie zärtlich die Sonne ihn anstrahlt. Wenn ihr ihn seht, verratet es niemandem. Wir wollen ihm ja diese kleine, heimliche Freude nicht verderben, zumal auch die gütige Schöpfung immer ein Auge zuzudrücken scheint.

Die Zwillinge Sonne und Mond sind nun schon uralt. Ich glaube, sie können alle ihre Aufgaben deshalb so gut erfüllen, weil sie wissen, dass dort, im anderen Reich, auf der anderen Seite der Erde, jemand ist, der sie liebt und immer lieben wird, auch wenn sie sich nur ganz selten sehen.

Die Reise zur Dracheninsel

Han und Jan teilten sich ein Zimmer im Kinderheim. Han hatte immer Angst, aber Jan hatte nie Angst. Eigentlich hieß er Juan, aber das sagte hier keiner. Immer wenn es etwas Neues gab, ein neues Schuljahr, eine neue Klasse, einen Ausflug, ein Fußballspiel mit der anderen Schule, das Sommerlager, dann hatte Han Angst. Aber Jan machte alles Neue Spaß. Er malte sich schon tagelang vorher aus, wie alles sein würde. Und da hatte Han herausgefunden, dass er weniger Angst hatte, wenn er Jan vorher eine Weile zuhörte. Jan war es sehr recht, wenn ihm jemand zuhörte, besonders abends im Bett, in der komischen Zeit vor dem Einschlafen, wenn man so leicht traurig wird.

„Ich hätte so gerne mal Urlaub", fing Jan eines Abends an. Und Han fragte: „Wo könntest du den denn herkriegen?"

Jan meinte, wenn er später mal einen Chef hätte, der würde ihm sicher Urlaub geben.

„Der gibt dir seinen Urlaub?"

„Nein, natürlich nicht seinen, aber einen. Und in den fahre ich dann."

Han fragte, ob Urlaub denn ein Tunnel sei, in den man hineinfahren könnte. Aber Jan erklärte ihm, dass das eher so ein seltsames Etwas aus Zeit sei. Und ob Han dann mitkommen wolle.

„Ne", sagte Han. „In so ein komisches Ding aus Zeit fahre ich nicht. Da hab ich Angst."

„Aber Han! Das wird ganz toll. Wir fahren mit dem Bus."

Aber Han blieb bei seinem Nein. Im Bus würde ihm immer schlecht, meinte er.

Nun war das Spiel ja eigentlich schon aus. Jan wollte das aber nicht, denn obwohl er so tat, als hätte er vor nichts Angst, diese Abendstunden hasste er. Darum kramte er jetzt einen Kaugummi hervor und sprang vom Stockbett runter zu Han.

„Da weiß ich ein gutes Mittel, hier! Kaugummi kauen und sich ganz vorne hinsetzen."

Er zog Han ans untere Bettende und mimte den Busfahrer. Han freute sich über den Kaugummi und beide erzählten sich eine Weile von der schönen Landschaft, an der sie vorbeifuhren. Jan machte ab und zu Busgeräusche. Dann hielt er an.

„So, jetzt sind wir da."

„Im Urlaub?"

„Ne, am Flughafen. Wir fliegen jetzt mit einer 747."

Han, der noch nie geflogen war, weigerte sich entschieden.

„Wenn das so wackelt und ich kotzen muss oder wenn mir schwindlig wird und ich ins Meer falle."

„Jetzt steig erst mal ein", sagte Jan und sie setzten sich nun auf die Querseite vom Bett.

„Wenn's vom Wind so wackelt, da macht man den Sitzgurt fest. Klick. Und hier ist eine kleine Tüte, falls du wirklich mal kotzen musst. Und jetzt zeigt dir die nette Stewardess, wie man die Schwimmweste benutzt, die unter dem Bett, äh Sitz ist."

Jan stand auf und machte es vor, während er mit hoher Stimme sagte: „Ladies and gentlemen, we will now show you, how to use the life vest."

„Ich versteh' ja nichts."

„Macht nichts. Jetzt kommt sowieso das Essen."

Jan beschrieb, was alles auf den kleinen Tabletts aufgetischt wurde. Und das gefiel Han. Essen war ihm wichtig.

„Wohin fliegen wir?"

Jan erzählte von einer Insel, auf der es einen ganz hohen Berg gäbe, einen Vulkan. Die Insel hieße Dracheninsel, weil der Vulkan Feuer und glühende Steine aus einem Loch spucken würde.

Das hätte er lieber nicht sagen sollen, denn man kann sich denken, dass Han da auf keinen Fall hin wollte. Aber Jan ließ nicht locker. Er erinnerte Han an all die netten Drachen in den Bilderbüchern und im Fernsehen. Und dann machte er: „Krach, krach, krach, kuller, kuller kuller."

„Was war das?", fragte Han ängstlich. „Kratzen die Drachen jetzt schon an unserem Flugzeug?"

„Nein! Wir sind gelandet. Das waren die Räder auf dem Rollfeld. Hast du Ohrenweh?"

Han wusste nicht, warum er jetzt Ohrenweh haben sollte. Aber er nickte mal für alle Fälle.

Jan zog zwei Bonbons unter seinem Kopfkissen hervor.

„Das kommt von dem veränderten Luftdruck. Da muss man lutschen und viel schlucken", sagte er.

Sie lutschten eine Weile und dann fragte Han: „Wann steigen wir aus?"

„Wenn das Flugzeug seine endgültige Position erreicht hat. Halt! Erst abschnallen. Klick, klick. Und sei etwas vorsichtig wegen der Drachen."

Sie sprangen vom Bett und schlichen in Richtung Schrank.

„Wo sind denn nun die Drachen?", fragte Han ganz leise.

Jan erklärte ebenso leise, dass die Drachen sich auf den Dragos versteckten, die großen auf den großen und die kleinen auf den kleinen. Und Dragos, das seien spezielle Drachenbäume. Die gäbe es nur hier auf dieser Insel und sonst nirgends auf der Welt.

„Ich seh' sie aber nicht", flüsterte Han.

„Du siehst die Bäume nicht? Ja, hast du Tomaten auf den Augen oder was?"

Han beteuerte, dass er zwar die Bäume, aber nicht die Drachen sähe und ob man nicht mal ein bisschen Licht machen könnte. Aber das ging nicht wegen dem Nachtdienst, den man jetzt auf dem Flur entlanggehen hörte. Han und Jan saßen ganz still unterm Tisch.

„Mir ist so heiß und ich hab' Durst", sagte Han schließlich.

„Dann kauf' dir einen Orangensaft. Auf dem Tisch ist die Bude."

Han stand auf und bat eine imaginäre Frau um Orangensaft. Und Jan, von der anderen Seite des Tisches, sagte: „Un zumo de naranja? Naturalmente. Tiene usted un zumo de naranja" und gab Han die halb leere Dose.

Han war verwirrt. „Wie redest du denn auf einmal so fremd?"

„Tja, Han, wir sind ja hier auch nicht daheim. Wir sind in der Fremde, da redet man fremd."

„Na, vielen Dank", sagte Han wenig begeistert.

„Muchas gracias", heißt das.

Han trank den Rest Orangensaft, der noch auf dem Tisch gestanden hatte.

Dann saßen sie wieder unterm Tisch und warteten auf die Drachen. Und Jan sagte:

„Nicht alle Leute sehen sie. Eigentlich nur die Kinder mit einem Vokal im Namen."

„Was? Nur Kinder mit einem Vulkan im Namen? Und das sagst du mir jetzt?" Han war wütend, denn er hatte sich schon so auf die Drachen gefreut. Aber Jan konnte ihn beruhigen. Er erklärte ihm, dass ein Vokal kein Vulkan ist und dass er ja einen, nämlich ein A in seinem Namen hätte. „Und riechst du was?"

„Ja, hier stinkt's nach … nach faulen Eiern."

„Ne, das ist Schwefel. Drachen atmen Schwefeldämpfe aus. Gleich muss einer hier sein."

Tatsächlich wälzte sich etwas Grünes heran, schnaufend und funkelnd. Und auf einmal waren überall Drachen, große und kleine, ganze Familien von Drachen. Sie liefen herum, flogen auch mal auf, balgten sich oder aßen Kaktusfrüchte und was Drachen eben so machen. Han hatte einen Heidenspaß, bis einer, der große Drache vom Anfang, auf einmal furchtbar nieste. Han erschrak, fuhr hoch und schlug sich den Kopf am Tisch an. Es war heller Morgen. Die Erzieherin stand im Zimmer und rief: „Was ist denn hier mal wieder los? Einer schläft unterm Tisch, der andere im falschen Bett. Kinder, Kinder."

„Das muss wegen den Drachen gekommen sein", sagte Han und wunderte sich, dass er zugedeckt war. Jan gab ihm ein Zeichen, dass er ruhig sein sollte.

„Sonst noch was?", fragte die Erzieherin und tippte sich an die Stirn. „Ab ins Badezimmer und dann zum Frühstück."

Die Jungen sahen sich an und kicherten.

„Heute Abend verreisen wir wieder, okay?", sagte Jan und kroch aus Hans Bett. In seins hatte er es nicht mehr geschafft.

Solange Jan und Han zusammen im Kinderheim waren, machten sie viele Reisen in die Welt. Han hatte bald keine Angst mehr vor'm Fliegen oder anderen Fortbewegungsmitteln und darum auch viel weniger Angst vor dem Sommerlager oder einem Ausflug. Und Jan musste nie mehr allein auf seine Fantasiereisen gehen.

Aber nach der Schule trennten sich ihre Wege. Erst als sie beide einen Chef hatten, trafen sie sich durch Zufall wieder. Sie nahmen Urlaub und verreisten zum ersten Mal wirklich miteinander. Sie flogen mit dem Flugzeug auf eine Insel, die einen Vulkan hatte. Und da, in seiner Nähe, waren zwei Kraterlöcher und … die beiden Freunde konnten ihren Augen nicht trauen, da stand auf einem Schild doch tatsächlich:

Los fosas nasalles del dragon. Die Nasenlöcher des Drachen.

Der Feuerkopfsüßsaftlecker

Kinder, es gibt Tiere, die gibt's gar nicht – denkt man. Aber es gibt sie doch. Vielleicht nicht gerade hier bei uns, aber in Südamerika, Australien oder sonst wo. Ich denk da zum Beispiel an den Feuerkopfsüßsaftlecker, der mit dem Pfeifhasen befreundet war.

Als das dem Pfeifhasenclan zu den langen Ohren kam, riefen alle: „Junge, du hast wohl einen Vogel!"

„Das könnt ihr laut sagen", pfiff der kleine Pfeifhase.

„Mein Freund, der Feuerkopfsüßsaftlecker ist der schönste und klügste Vogel in unseren Bergen. Ich wüsste nicht, was daran schlecht wäre, ihn zum Freund zu haben."

Die Pfeifhasen zupften eifrig Wolle, um ihre Höhlen für den Winter auszupolstern. Es gab auch sonst reichlich zu tun, denn es mussten ja auch Vorräte für die kalte Jahreszeit angelegt werden.

„Also, hör auf rumzuspinnen und tu lieber deine Arbeit!", mümmelten die Hasen griesgrämig.

„Feuerkopfthüththaftlecker! Das itht doch kein Name für einen Freund!", lispelte die Hasentante.

Der kleine Pfeifhase zupfte ein wenig Wolle und machte ein wenig Polsterarbeiten. Aber dann war er doch wieder in den Büschen des Berghanges verschwunden, um mit seinem Freund zu spielen.

„Stell dir vor", rief der Feuerkopfsüßsaftlecker schon von weitem.

„Meine Mama hat gesagt: Bei dir pfeift's wohl, dass du dir einen Pfeifhasen zum Freund suchst. Aber ich hab gesagt: Der Pfeifhase ist der netteste und klügste Hase vom ganzen Bergland. Und außerdem kann er pfeifen, fast wie ein Vogel."

„Das hab ich auch gesagt“, pfiff der Pfeifhase.

„Dass du der netteste und klügste bist?“

„Nein, natürlich du! Von dir hab ich das gesagt, ich meine über dich.“

Der kleine Hase war ganz aufgeregt. Der Feuerkopfsüßsaftlecker lachte.

„Fang mich doch!“, rief er und flog ganz dicht über den Boden und knapp über die Büsche. So spielten sie bis zum Abend.

Das ging so einige Wochen. Und es half gar nichts, dass die Mutter des einen und die Verwandten des anderen diese Freundschaft verbieten wollten.

Dann kam der Winter. Die Hasen verkrochen sich in ihre Höhlen und die Vögel in ihre Nester und Baumstämme. Der Schnee deckte die Berge und Täler mit einer dicken weißen Decke zu. Kaum ein Laut war zu hören. Die Welt schien zu schlafen. Lange Zeit sahen und hörten die Freunde nichts voneinander.

Es war ein außergewöhnlich langer und kalter Winter und allmählich ging den Pfeifhasen das Futter aus. Von großem Hunger getrieben, wagte sich der kleine Pfeifhase vor die Höhle. Aber im tiefvereisten Schnee war nichts Essbares zu finden. Enttäuscht wollte er schon aufgeben, da hörte er plötzlich ein Surren über sich. Das war niemand anderes als der Feuerkopfsüßsaftlecker, der sich um seinen kleinen Freund Sorgen gemacht hatte.

Nun ist es die Art dieser Vögel, dass sie die Rinde bestimmter Zweige abschälen, um die darunter liegende feuchte Rindenschicht zu verspeisen. Auch im kältesten und längsten Winter finden sie so ihre Nahrung. Der Feuerkopfsüßsaftlecker brachte nun seinem Freund, dem kleinen Pfeifhasen, solche Zweige und zeigte ihm, wie man die harte Rinde abschält und die weiche, saftige knabbert. Denn im tiefen Schnee kann man zwar schlecht hoppeln, wohl aber gut über ihn hinwegfliegen. Wenn der eisige Wind anfing zu rasen, nahm der Pfeifhase seinen Freund mit in seine mollige Höhle und zu zweit knabberten sie einträchtig an den geschälten Zweigen. Auch die anderen Hasen im Bau bekamen etwas ab und so überlebten alle diesen schrecklichen Winter.

Das gab den Pfeifhaseneltern zu denken. „Man sollte den Kindern doch zutrauen, sich ihre eigenen Freunde zu suchen", sagten sie. Und wenn sie Frau Feuerkopfsüßsaftlecker im Bergwald herumfliegen sahen, grüßten sie freundlich.

„Feuerkopfthüththaftlecker!", lispelte die Pfeifhasentante und leckte sich den letzten Rest Süßholz vom Schnäuzchen. „Was für ein ungewöhnlich netter Name für einen Freund und Spielkameraden."

Pfeifhase ließ sich weiter von Feuerkopfsüßsaftlecker necken, indem der tief über die Erde und die Büsche flog. Eigentlich ist es für einen Hasen unmöglich, einen Vogel zu fangen. Aber manchmal ließ Feuerkopfsüßsaftlecker es geschehen, aus Nettigkeit und weil er sich so gerne mit seinem kleinen Freund im nun trockenen Frühlingssand wälzte und plusterte.

Das Wildebiest

Im Kindergarten war Tieretag. Jedes Kind durfte ein Tier spielen und die anderen mussten raten, was für eins das sein sollte. Die Kuh machte muh, der Hahn kikeriki, die Katze miau und der Hund wauwau. Plötzlich erklang ein seltsames Geräusch. Jemand stieß tiefe Laute mit viel Luft aus, das klang wie ü-ü-ü. Alle sahen sich erstaunt um. Die kleine Tabea senkte ihren Kopf, schaute böse und deutete mit den Händen Hörner am Kopf an. Unglaublich, dass sie solche tiefen Laute ausstoßen konnte.

„Was soll denn das sein?", fragte einer.

Erraten konnte es niemand.

„Ein Wildebiest!", sagte Tabea stolz.

„Was soll denn das sein? So was gibt's doch gar nicht!"

„Doch, das ist ein Weißschwanzgnu!"

„So was haben wir hier nicht", sagte Regina von oben herab.

„Kannst du nicht ein normales Tier machen?"

„Ein Wildebiest ist normal!", beharrte Tabea.

Aber auch die Erzieherin sagte: „Es ist besser, wenn du dich mal bei uns ein bisschen umsiehst und nicht so mit deinem Afrika angibst."

Auch sie wusste nicht, was ein Wildebiest war. Sie hätte es sicher nie zugegeben, aber auch ihr war es nicht geheuer, dass ein vierjähriges Kind mehr wusste als eine Kindergartenleiterin. Tabea verstand überhaupt nichts mehr.

Zu Hause beklagte sie sich bei ihrer Mama. Sie wollte überhaupt nicht mehr in den Kindergarten gehen. Aber sie musste leider. Kaum war man drei Jahre, musste man immerzu. Sie musste in den Kindergarten, ihr Bruder in die Schule, die Eltern zur Arbeit.

„Wäre ich doch nur in Namibia geblieben", jammerte das kleine Wildebiest.

„In Deutschland ist es eklig!"

Eklig war eins ihrer Lieblingswörter.

„Und morgen sollen wir auch noch als Tiere verkleidet kommen."

„Na, das macht doch Spaß", ermunterte Mama.

„Was für ein deutsches Tier könntest du denn sein?"

Tabea überlegte. „Ein Reh", sagte sie kläglich, denn sie dachte, dass das doch wirklich ganz was anderes war als ein Wildebiest. Das würde sicher allen gefallen.

Mama holte ein Antilopenfell. Das sah genau wie ein Rehfell aus. Tabea konnte es sich über Kopf und Rücken hängen. Mama machte ihr noch zwei große Rehohren. Tabea fand sich richtig schön und versuchte, so zierlich zu gehen wie ein Reh. Das war gar nicht so einfach, mit ihren kurzen Beinchen.

Im Kindergarten sah es am nächsten Tag wie an Fasching aus. Alle Kinder hatten hübsche Kostüme aus Stoff, Krepppapier, Watte und Wolle an. Und wieder ging das Muh und Mäh, das Wauwau und Miau los. Nur Tabea blieb stumm. Was sollte ein Reh machen. Sie versuchte, wie ein Reh zu stolzieren, aber niemand beachtete sie. Schließlich wurde sie sogar aus Versehen von Schwein und Ziege umgerannt.

„Bist du wieder so was Verrücktes?", fragte Schwein interessiert und strich zärtlich über das weiche Fell.

„Nein! Ich bin doch ein Reh!", schrie Tabea in den allgemeinen Lärm.

„Da hast du dir aber was Blödes ausgesucht", sagte Ziege.

„Rehe haben doch keine Stimme. Da kannst du ja gleich ein Fisch sein."

Und laut meckernd trabte sie davon.

Das war zu viel für das kleine Antilopenreh. Es rannte raus, versteckte sich hinter den Mänteln und Jacken, die dort hingen, und fing bitterlich an zu weinen.

Nach einer Weile hörte es ein helles Bellen neben sich und lugte vorsichtig aus den Mänteln hervor. Da stand die große Katrin, die schon fünfeinhalb war.

„Hast du so gebellt?"

„Ne, das war mein Fifi!" Katrin hielt einen langen Bindfaden in der Hand. Jetzt schwang sie ihn hin und her und rief: „Komm Fifi, komm. Mach mal Männchen. So ist's brav. Und jetzt gib Pfötchen."

Sie bückte sich und nahm eine unsichtbare Hundepfote in die Hand. Dann rannte sie im Kreis herum, immer die Schnur hinter sich herziehend.

„Ja Fifi, deinen eigenen Schwanz wirst du nie fangen." Und sie lachte.

Tabea war so fasziniert, dass sie vergas zu weinen.

„Willst du auch mal?", fragte Katrin und hielt ihr die Schnur hin. Das Antilopenfell fiel zur Erde und Tabea ergriff die Hundeleine. Tatsächlich! Fifi lief hinter ihr her, blieb dann sitzen und machte Männchen. Gerade da sah die Erzieherin zur Tür heraus.

„Was macht ihr denn hier, Katrin?", fragte sie ungehalten. Erwachsene schimpfen die Großen immer zuerst.

„Ich hab doch ausdrücklich gesagt ..." Aber dann sah sie Tabeas immer noch verheultes Gesicht und wurde freundlicher.

„Na, dann kommt mal wieder rein ihr zwei, es gibt gleich Frühstück." Und sie ging zurück zu den anderen Kindern.

Katrin und Tabea sahen sich an und kicherten. Heimlich lotsten sie Fifi mit ins Zimmer und versteckten ihn hinter dem Regal mit den Legos.

„Pinkle aber hier nicht auf den Teppich", flüsterte Katrin und band seine Leine um ein Stuhlbein.

„Und bell nicht auf einmal", flüsterte Tabea.

Dann setzten sich die beiden Mädchen an den Frühstückstisch und tranken ihren Früchtetee, so, als ob nichts gewesen wäre.

Als Mama zum Abholen kam, war sie ganz erstaunt, dass Tabea heute so vergnügt war.

„Hat den andern das Reh denn gefallen?", fragte sie.

„Ne, aber darf Katrin mich heute Nachmittag besuchen kommen?"

Das war offenbar das große Mädchen, das neben ihr stand und mit einem Bindfaden spielte.

„Ja, gerne", sagte Mama.

„Und Fifi auch?"

„Na, ja." Mama zögerte etwas und überlegte, ob sie genug Brezeln für so viele Leute gekauft hatte.

Nach ein paar Tagen wusste sie es natürlich besser und hatte immer Hundefutter in Form von Puffreis oder getrockneten Aprikosen im Haus. Das ist nämlich das Lieblingsfutter von unsichtbaren Hunden. Katrin liebte es über alles, wenn Tabea ihr das Fotoalbum von Afrika zeigte, mit all den interessanten Tieren. Von vielen hatte sie noch nie etwas gehört oder gesehen und hielt sie insgeheim für ebenso traumhaft wie ihren Fifi. Wer konnte schon glauben, dass große Herden von Kudus, Springböcken, Impalas und Zebras durch die Steppe zogen, gemischt mit eben den Wildebiests, Elephanten und Giraffen. Sogar einen Löwen hatte Tabeas Mama mal fotografiert, den König der Tiere. Und Tabea hatte sie alle am Wasserloch trinken gesehen, wild, und nicht wie im Zoo. Immer wieder musste

Tabea zeigen, wie Giraffen gehen, nämlich im Passgang, und wie umständlich sie sich zum Trinken hinknien müssen.

„Wenn ich groß bin, dann fahren wir wieder nach Afrika und dann zeige ich dir das alles“, sagte Tabea.

Und Katrin meinte: „Vielleicht können wir ja Wildbeschützer werden.“

Mama fand das eine gute Idee und wunderte sich im Stillen, was ein unsichtbarer Hund alles bewirken kann.

Der Blick aus dem Fenster

Herr Schwarz saß im Rollstuhl. Vor Jahr und Tag hatte es einen schrecklichen Autounfall gegeben. Dabei war seine Frau ums Leben gekommen und er selbst wurde schwer verletzt.

Nun wohnte er mit seinem Sohn zusammen in einer kleinen Wohnung im Erdgeschoss. Auch lange nach dem großen Krieg war diese Stadt noch immer sehr arm.

Herr Schwarz schlief schlecht und wachte sehr früh auf. Dann rollte er seinen Rollstuhl in die Küche, machte Kaffee und fuhr dann ans Fenster, um das Treiben auf der kleinen Gasse zu betrachten. Er sah Menschen zur Arbeit eilen und etwas später die Hausfrauen zum Bäcker gehen. Die Spatzen schilpten lauthals und nahmen sich vor der herumschleichenden Katze in Acht. Ein Hund mit einer Zeitung im Maul kam vorbei und eine Taube gesellte sich zu den Spatzen.

Auf der gegenüberliegenden Straßenseite stand ein altes Geschäftshaus mit vielen Büros darin. Jeden Morgen kam eine Putzfrau, um den Bürgersteig und die Straße davor zu kehren. Sommers wie winters trug sie eine grüne Kittelschürze, mal über einer Bluse, mal über einer dicken Strickjacke.

Herr Schwarz beobachtete jeden Tag, wie sorgfältig sie ihre Arbeit verrichtete. Mit ihrem kleinen Besen kehrte sie jeden Stein und jede Ritze, als wäre es im Wohnzimmer einer vornehmen Familie. Die Bordsteine des Bürgersteigs waren aus verschiedenfarbigem Granit und ganz verschieden lang. Zuerst kam einer aus grauem Granit, dann ein kürzerer aus rotem und dann ein kleiner aus schwarzweiß gestreiftem. Dann kam ein schwarzer, ganz langer. Und nach weiteren vier Bordsteinen war das Geschäftshaus und damit der Arbeitsbereich der Putzfrau zu Ende.

Die Pflastersteine auf dem Gehweg waren glatt, aber im Laufe der Zeit uneben geworden. Vielleicht hatte die Putzfrau zu viel Sand aus den Ritzen gefegt, dachte sich Herr Schwarz. Sie schien jeden Stein zu kennen und zu lieben, so sorgfältig behandelte sie ihn, kehrte und wischte an ihm herum. Und allmählich kannte auch Herr Schwarz jeden Stein und betrachtete ihn mit den Augen der Putzfrau, während er ihren Bewegungen folgte. Besonders liebte er das Kopfsteinpflaster der kleinen Gasse, denn diese Steine waren blank und rund und vielfarbig. Die Putzfrau fegte sie mit großen Schwüngen, um dann wieder ganz sorgfältig das Zusammengekehrte aus dem Rinnstein auf ihre kleine Kehrschaufel zu häufen.

Das alles dauerte etwa eineinhalb Stunden. Dann ging die Putzfrau wieder mit Eimer, Besen und Lappen davon und Herr Schwarz rollte in die Küche zurück, um seinem Sohn das Frühstück zu machen. Der Sohn ging dann zur Schule und Herr Schwarz besorgte den Haushalt, so gut er konnte.

So war das schon zwei Jahre gegangen. Diese Morgenstunde mit der Putzfrau und den Steinen war Herrn Schwarz zur lieben Gewohnheit geworden. Darum war er ganz bestürzt, als eines Morgens die Putzfrau nicht erschien. Sonntags wie wochentags, sommers wie winters, nie hatte sie gefehlt. Ohne es zu wissen, hatte sie dem Leben von Herrn Schwarz Rhythmus und Halt gegeben. Der fehlte ihm jetzt.

Stattdessen kam etwas später der Hausmeister, schüttete fünf Eimer Wasser über den Gehweg und die Straße, kehrte ein bisschen nach und fertig. Das dauerte nicht länger als zehn, zwölf Minuten und kam Herrn Schwarz wie die reinste Barbarei vor.

Als die Putzfrau mit der grünen Schürze auch am nächsten und übernächsten Tag nicht kam, machte sich Herr Schwarz ernsthafte Sorgen. Was mochte mit ihr geschehen sein? Würde sie etwa überhaupt nicht wiederkommen? War sie entlassen worden, weil sie zu langsam und zu unmodern war? Herr Schwarz sprach mit seinem Sohn darüber und bat ihn schließlich, sich doch drüben mal nach der Putzfrau zu erkundigen. Dem Jungen war das peinlich. Aber der Portier des Geschäftshauses gab ihm freundlich Auskunft. Sie sei ernstlich krank, sagte er, und es sei nett, dass sich jemand nach ihr erkundige.

Herr Schwarz dachte darüber nach. Und schließlich beschloss er, die Putzfrau wissen zu lassen, was sie ihm all die Jahre bedeutet hatte und wie sehr er sie vermisse. Sein Sohn musste eine Wärmflasche, ein Glas Honig, Kekse und Kräutertee besorgen. Das alles tat Herr Schwarz mit einem Kärtchen zusammen in einen Schuhkarton. Wieder musste sein Sohn damit zum Portier gehen und dieser versprach, nach Geschäftsschluss den Laufburschen damit zur Putzfrau zu schicken.

Im fünften Stock eines alten Mietshauses lag die Putzfrau in ihrem Zimmer und hatte alle Lust verloren. Fieber und Husten plagten sie. Ihr Atem ging schwer und ihr Herz wollte auch nicht mehr so recht. Außer ihren Pflastersteinen hatte sie nichts, was sie noch am Leben interessierte, denn sie hatte nach und nach all ihre Verwandten verloren. Als der Laufbursche das Päckchen abgab und nicht einmal wusste, von wem es war, glaubte sie zu träumen.

Vorsichtig öffnete sie den Karton. Eine Karte fiel heraus.

„Liebe Frau mit der grünen Schürze", stand darauf. „Ich bin ein stiller Verehrer von Ihnen. Jeden Morgen sehe ich Sie arbeiten und erfreue mich an Ihrer Sorgfalt und Liebe zu den Steinen. Mir gefällt der rote Granit besonders gut. Aber auch die schief gerutschten Steine an der Ecke. Sie ergeben so ein interessantes Muster, wenngleich sie beim Darübergehen sicher unbequem sind. Ich meinerseits kann schon seit Jahren nicht mehr gehen. Aber ich sehe noch sehr gut. Nämlich von der gegenüberliegenden Seite

Ihres Bürgersteigs aus. Ich bin sicher, die Steine vermissen Sie so wie ich (der Hausmeister hat wirklich keinen Sinn für ihre Eigenarten und Schönheit). Also kommen Sie bald wieder und gute Besserung."

„Wer hätte das gedacht, nein, wer hätte das gedacht", murmelte die Putzfrau immer wieder.

Sie stand auf, um auf ihrer Kochplatte heißes Wasser für die Wärmflasche und den Tee zu machen. Mit einer großen, heißen Tasse voll schlich sie wieder ins Bett. Sie tat einen großen Löffel Honig in den Kräutertee, denn Honig gibt ja Energie. Während sie in kleinen Schlucken trank und den angenehmen Duft einatmete, redete sie mit sich selbst, wie einsame Leute das manchmal tun.

„Jetzt liegst du hier in deinem Bett und weißt nicht, dass es da draußen irgendwo einen Freund gibt, einen, der sogar deine Arbeit schätzt und deine Pflastersteine kennt und liebt. Na, da lohnt es sich doch wirklich, wieder gesund zu werden, Luise!"

Der Anderle

Der Anderle war anders als alle Kinder. Das fing schon beim Wohnen an. Alle Kinder wohnten in einem festen Haus, das immer auf derselben Stelle stand. Der Anderle wohnte in einem Bauwagen auf Rädern, der von Ort zu Ort fahren konnte.

Anderles Vater war Straßenarbeiter. Weil in Dürlesbach die Straßen ziemlich kaputt waren, blieb der Bauwagen dort eine ganze Weile stehen. Der Vater reparierte die Straßen und der Anderle spielte mit den Dorfkindern.

„Hat deine Mutter deine Haare zu heiß gebügelt?", fragte ihn ein Mädchen.

„Warum?", sagte der Anderle und griff sich auf den Kopf.

„Ha, weil sie so schwarz und kraus sind, wie verbrannt. Guck' mal, unsere sind alle hell und fatzeglatt."

Alle Kinder wollten den krausen Haarschopf vom Anderle mal anfassen. Der hatte aber bald genug davon, schlug ein Rad und lief auf den Händen davon. Da lachten die Kinder und wollten es ihm gleichtun, purzelten dabei aber hin und her und übereinander.

„Ja, was gibt's denn hier für einen Zirkus?", fragte die Möhrles-Oma, die gerade vorbeikam.

„Wir laufen wie der Anderle", riefen die Kinder. „Der läuft nämlich anders. Der läuft auf den Händen!"

In die Schule ging der Anderle auch, solange er in Dürlesbach war.

„Guck', Mama", erzählte der Jockel daheim. „Ich schreib' so, aber der Anderle schreibt anders. Der schreibt so!" Und er versuchte, mit der linken Hand zu schreiben.

„Was? So wüst schreibt der Anderle?", fragte die Mutter und fand das bedauerlich.

„Aber nein", berichtigte der Jockel. „Der Anderle schreibt mit der linken Hand besser als wir mit der rechten."

Nach der Schule erzählten sich die Kinder manchmal, was es bei ihnen zu Mittag gäbe.

„Bei uns gibt's heute Linsen und Spätzle", sagte dann wohl der Eugen, und die Jule sagte: „Bei uns gibt's Dampfnudeln."

Aber der Anderle sagte: „Bei uns gibt's Karfiol."

Ja, was war denn das? Die Kinder machten sich die wildesten Vorstellungen von diesem Gericht. War es Krähenbraten oder gekochte Schuhsohlen? Sie wollten es sehen.

Zögernd nahm der Anderle seine Schulkameraden mit zum Bauwagen. Da stand auf dem kleinen Tisch mit der rotkarierten Tischdecke eine Schüssel mit … Blumenkohl. Schön mit brauner Butter und Semmelbrösel übergossen und mit Salzkartoffeln umgeben.

„Ja waaas, das ist ja Blumenkohl", riefen die Kinder enttäuscht.

„Bei uns heißt er eben anders", sagte der Anderle.

In den Küchen und Waschküchen vor Dürlesbach sprach man noch lange darüber, dass dieses merkwürdige Kind zu so etwas Einfachem wie Blumenkohl „Karfiol" sagte. Und erst der Vater! Wenn der einen Kaffee wollte, dann sagte er zum Wirt: „Bringen Sie mir einen großen Braunen."

„Also, das ist ja schon ein bisschen merkwürdig. Finden Sie nicht auch, Frau Nachbarin?"

Der Anderle sah also anders aus, redete anders, aß anders, wohnte anders und schrieb anders. Es war schon ziemlich viel anders am Anderle. Aber bei Lichte besehen doch nicht so viel, dass man in ihm nicht auch einen kleinen Buben hätte erkennen können. Ja, eigentlich war er wie alle anderen auch. Nur – eben ein bisschen anders. Vielleicht lustiger?

Eines Tages waren in Dürlesbach alle Straßen repariert. Glatt und schön lagen sie in der Mittagssonne. Da zog der Bauwagen wieder weiter. Der Anderle stand am Fenster, schnitt lustige Grimassen und alle Kinder standen auf der neuen Straße und winkten.

Der Jockel aber kickte missmutig mit dem Fuß auf die Erde und sagte:

„Hoffentlich ist die Straße bald wieder kaputt."

Und als sein Vater erstaunt rüberschaute, sagte er:

„Ohne den Anderle ist es uns hier zu fad. Es muss wieder einer her, der ein bisschen anders ist."

Alles nur Könige?

Gar nicht weit weg von hier gab es mal ein kleines Königreich. Dieses Königreich brauchte einen neuen König, denn der alte lag im Sterben.

„Wer will nach mir König werden?“, fragte der Alte. Und alle, alle riefen: „Ich, ich, ich.“

„Aber wir brauchen doch nur einen, einen einzigen König. So gehört sich das. Wer von euch kann also am besten regieren?“

Und wieder riefen alle: „Ich, ich, ich.“

„Heidekuckuck!“, ereiferte sich der alte König. „So einigt euch doch. Ich hab nimmer lang zu leben.“

„Wir sind uns einig“, riefen da alle im Chor.

„Na also!“ Der König seufzte erleichtert. „Warum nicht gleich so! Wer will also meine Krone?“

„Wir haben alle selbst unsere Kronen, euer Majestät“, antworteten hundert Stimmen bescheiden.

Der alte König stutzte einen Moment. „Ach, macht doch, was ihr wollt!“, rief er dann ärgerlich. „Ich geh jetzt!“ Sprach's und starb.

So gab es nun in dem kleinen Königreich hundert Könige und kein Volk. Das heißt, es gab auch hundert Königinnen, versteht sich. Die lebten nun alle in Pracht und Herrlichkeit, aßen, tranken, tanzten und lachten und schliefen am Morgen bis in die Puppen.

Am dritten Tag allerdings gab es keine Milch mehr zum Kaffee, keine Schlagsahne zum Kuchen und kein Jogurt zum Frühstück. Die Kühe brüllten auf der Weide, weil sie ihre Milch nicht los wurden. Was tun? Zwei

Könige erklärten sich bereit, die Kühe zu melken, und zwei Königinnen sahen sich in der Lage, Schlagsahne und Jogurt zuzubereiten.

„Milchkönige", spotteten die anderen. Aber ihnen fiel doch ein Stein vom Herzen.

Am vierten Tag gab es kein Brot mehr, keinen Kuchen und keine Hörnchen zum Frühstück. Zwei Königinnen wussten, wie man Streuselkuchen backt, und sie stellten ihre Männer zum Ofenheizen und Teigkneten an. Bald zog wieder der süße Duft von frisch Gebackenem durch das kleine Königreich.

„Kuchenköniginnen", spotteten die anderen, aber ihnen fielen gleich zwei Steine vom Herzen.

Am fünften Tag gab es kein Fleisch mehr. Die Könige gingen zwar gerne auf die Jagd, aber wer sollte den Braten, die Wurst und die Pasteten zubereiten? So machten sich zwei Königspaare daran, alte Rezeptbücher zu studieren und sich der Metzgerei zu widmen. Das waren die Wurstkönige, und sie hängten gleich ein entsprechendes Wappen vor ihre Tür.

Am sechsten Tag – das könnt ihr euch ja denken – gab es rein gar nichts mehr. Es war höchste Zeit, dass sich mal jemand des Gemüsegartens, der Fischerei und des Hühnerhofes annahm. Außerdem brauchte man Spitzenklöpplerinnen, Schneider, Schuster, Ärzte und Rechenlehrerinnen. So kam es, dass bald jede Königin und jeder König eine kleine Nebenbeschäftigung hatte, ein Hobby, das ihr Leben interessanter und gemeinnütziger machte.

Es gab sogar einen, der auf der Straße Kunststücke vorführte, Kopfstand und so. Das war der Bettelkönig und er war sehr beliebt. Seine Frau war Sängerin und konnte mit ihren tragischen Liedern alle zu Tränen rühren, selbst die Krokodile.

Jeden Abend reinigten die Königinnen und Könige ihre Kronen von Mehlstaub, Milchflecken und Hühnermist. Dann tanzten und feierten sie miteinander, regierten und ließen es sich wohlsein. Morgens schliefen sie weiter bis in die Puppen, denn in diesem kleinen Königreich fing nichts vor zehn Uhr an. Das war ein Leben!

Also, Kinder: Wenn ihr mal jemandem begegnet, der Schneider, Bäcker oder Straßenbauingenieur ist, aber König heißt – na, dann wisst ihr ja Bescheid.

Das Kind in der Mitte

Maxi, Franzi und Lili hatten neue Kleidchen bekommen, denn sie waren mit ihren Eltern zu einer großen Hochzeit nach Hamburg eingeladen.

Als sie dort ankamen, zeigte es sich, dass Lili mit einem kleinen Cousin zusammen Blumen streuen sollte; und die große Maxi sollte mit einem etwas größeren Cousin zusammen die Schleppe der Braut tragen. Mehr gab es leider nicht zu tun. Franzi musste das einsehen.

Nach der Kirche gingen alle ins Gasthaus zum Ochsen. Die Tische waren mit Blumen, Kerzen und Tischkarten geschmückt. Die Tischkarte für Franzi war allerdings vergessen worden. So was kann ja mal vorkommen, bei so vielen Gästen.

Die Spiele nach dem Essen waren umso lustiger. Nur leider gelang es Franzi nicht, einen der schönen Preise zu schnappen, die an einem hoch gespannten Seil für die Kinder aufgehängt worden waren. Dafür bekam sie ein Stück Kuchen mehr. Aber eigentlich war sie sowieso schon satt.

Auch beim Verteilen der Schleierstückchen, welche die Braut nach französischer Sitte jedem Mädchen mitgab, bekam Franzi keines ab, weil sie gerade aufs Klo gegangen war.

Als dann auch noch jemand ein Glas Rotwein über ihr Kleid verschüttete und sie ihr gewöhnliches Sonntagskleid wieder anziehen musste, war das dann allerdings eins zu viel. Franzi kam sich vor wie in einem Märchen, das rückwärts läuft, und aus der schönen Prinzessin wird am Ende ein Aschenputtel, ein Frosch oder gar eine Stiefschwester, die keiner mochte noch beachtete.

Franzi setzte sich auf Mamas Schoß und weinte ein bisschen. Zum

Glück zeigte ein Zauberer seine Kunststücke und Franzi musste über das zappelnde Kaninchen lachen. Gerade da knipste der Fotograf und sein Blitzlicht beleuchtete Franzis hellblonde Haare.

Als alle wieder zu Hause waren und die Hochzeitsfotos kamen, klebte Mama im Album eine hübsche Collage zusammen; schräg und grade, neben- und übereinander. Die ganze Feststimmung kam so richtig zum Ausdruck. Das Foto von der lachenden Franzi schnitt sie rund aus und klebte es genau in die Mitte.

Als die Collage fertig war, wollten natürlich alle das Werk betrachten. Nur Franzi nicht. Sie wollte gar nicht an das blöde Fest erinnert werden, auf dem sie immer nur als Pechvogel und Versager dagestanden hatte. Aber als das Album dann so aufgeschlagen auf dem Tisch liegen blieb, warf sie doch einen Blick hinein. Und da sah sie das Bild von sich selbst in der Mitte kleben. Es war heller als alle anderen und bildete so wirklich einen Mittelpunkt.

Franzi fühlte, dass in ihr eine Veränderung vorging. Sie fühlte sich nicht mehr als überflüssige Randfigur, sondern als Mitte, als Mittlere, die sie ja war. Die anderen waren am Rand, oben und unten, rechts und links. Sie war immer in der Mitte, wie auf dem Bild hier. Franzi lächelte und sah auf. Hinten im Zimmer saß Mama und schaute zu ihr herüber. Sie lächelte auch – und kniff ein Auge zu, wie Mitwisser es tun oder Piraten.

Wer zuletzt kommt, ist nicht immer der Kleinste

Als Peter geboren wurde, waren schon alle da: Mama, Papa, Oma und Opa, Katrin, Klaus und Stefan, die Nachbarn, der Kaufmann und die Kinder auf der Straße. Wie schnell Peter auch wuchs, alle anderen waren immer größer und älter als er; wie viel er auch lernte, alle anderen konnten es besser. Außer Mama ahnte niemand, was für ein schweres Leben er hatte.

„Du bist noch zu klein. Komm, ich helf dir. Lass mal, das mach ich für dich. Dahin kannst du noch nicht mit." Das waren Sätze, die er täglich zu hören bekam und die ihm sein Leben vergällten.

Zwar sagte Mama, dass Klaus und Stefan ihn zum Spielen mitnehmen mussten, aber die wussten das listig zu verhindern.

„Wir spielen Ritter. Du bist der Wächter. Stell' dich mal da auf die Bank und bewache den Eingang. Das ist was ganz Wichtiges!", sagte Klaus.

Peter stellte sich auf die Bank und behielt die Haustür genau im Auge. Als fünf Minuten vergangen waren, ohne dass etwas geschah, schaute er sich nach den anderen Rittern um. Aber die waren heimlich schon längst über alle Berge.

Ein anderes Mal ließen die Brüder ihn auf den Apfelbaum steigen und nahmen dann die Leiter weg. Peter verbrachte da oben eine Ewigkeit, während seine Brüder wer weiß was machten.

Wenn er dann weinend nach Hause kam, gab es zwar immer Trost für ihn und Schimpfe für die Brüder, aber davon wurde er auch nicht größer.

Ging er mit seiner Schwester zu deren Freundin Susi, dann musste er immer das Kind spielen oder die Katze oder den Hund Struppi: „Du bist halt so ein herziges Knuddel“, sagte Susi und bürstete seine dicken Locken. Dafür gab sie ihm allerdings auch ihre Bonbons. Aber nie durfte Peter mal Bestimmer sein.

Wenn er beim Mittagessen etwas erzählen wollte, lachten alle schon nach den ersten Sätzen.

„Du erzählst wirklich Kraut und Rüben“, sagte Klaus. Aber Katrin sagte: „Lass ihn doch. Er ist doch unser Kleiner.“

Dann verschluckte sich Peter oft vor Wut und hustete den Kirschsaft über Opas Jacke.

„Vielleicht sollte der Kleine lieber im Kinderzimmer essen“, murmelte dann Opa, während Oma an ihm herumputzte.

Eines Tages durfte Peter ganz allein verreisen. Zu Tante Anneliese und Onkel Paul und seinen beiden Cousinen. Peter war unterdessen sechs Jahre alt. Gretchen und Kätchen aber waren erst drei und vier. Anfangs fand Peter das richtig gut.

„Peter, sei doch so nett und geh mit den Kleinen in den Garten“, sagte Tante Anneliese. Stolzgeschwollen nahm Peter die Mädchen an der Hand und ging mit ihnen raus. Aber was sollte er da mit ihnen machen?

Zuerst setzte er sie auf die Schaukel. „Anschupsen!“, rief Kätchen. Peter gab der Schaukel Schwung. Aber bald wollten die beiden nicht mehr. Peter setzte sie auf die Wippe, schob sie dann auf dem Fahrrad, baute ihnen eine Sandburg, ging mit ihnen zur Apfelwiese. Die kleinen Mädchen blieben bei jeder kleinsten Blume stehen.

„Könnt ihr nicht schneller laufen?“, fragte Peter ungeduldig. Auf halbem Wege hatte Gretchen Durst und sie mussten umkehren. Kätchen stolperte über eine Wurzel und schlug sich das Knie auf. Heulend kam sie zu Hause an.

„Aber Peter“, sagte Tante Anneliese. „Konntest du nicht ein bisschen besser aufpassen?“

Peter war sprachlos. Wie kam Tante Anneliese dazu, ihn zu schimpfen, wo doch …

„Es gibt Abendessen“, rief Tante Anneliese jetzt. „Peter, deck schon mal den Tisch.“

Peter hatte noch nie einen Tisch decken müssen.

„Na, die Kleinen können das doch noch nicht. Das muss schon der Älteste machen“, sagte Tante Anneliese und lachte spitzbübisch.

Nach dem Essen wollte Peter mal allein mit seinen Autos spielen. Aber die kleinen Mädchen ließen ihn nicht.

„Gut, dann spielen wir eben Ritter. Ihr seid die Wächter. Stellt euch mal auf die Stühle und bewacht die Tür“, sagte Peter. Da hatte er eine Weile Ruhe. Und dann kam auch schon Tante Anneliese und brachte alle ins Bett.

„Bleibst du jetzt immer bei uns?“, fragte Kätchen zärtlich.

„Du bist bisschen gemein“, sagte Gretchen. „Aber es ist trotzdem klasse, einen älteren Bruder zu haben.“

„Das finde ich auch“, dachte Peter schon im Einschlafen. Hundert Mal hatte er sich schon gewünscht, der Älteste zu sein. Jetzt nicht mehr. Jetzt war er wieder sehr zufrieden, dass er das war, was er ab nächster Woche wieder sein würde. Der Jüngste.

Geschichten gegen die Angst

Woher die dunkle Nacht kommt

Nadja hatte etwas, das viele Kinder haben, nämlich Angst vor der Dunkelheit. Das war schlimm für sie, denn sie konnte eigentlich abends überhaupt nicht einschlafen. Vater, Mutter und Geschwister hatten schon alles versucht, um ihr zu helfen. Sie sangen, sie ließen die Tür zum hellen Flur offen, sie ließen eine Nachtlampe im Zimmer an, sie kochten Schlaftee und sie machten Schlafmusik. Nichts half. Nadja hatte immer noch Angst, einzuschlafen und dann im Dunkeln verloren zu gehen. Schließlich schliefen dann alle einfach vor Erschöpfung ein. Aber da war es schon weit nach Mitternacht, und das war ja kein Leben. Tat man aber gar nichts und ließ Nadja allein in ihrem Zimmer, weinte sie so lange und so herzerweichend, dass das niemand aushalten konnte.

Von dieser Sache erfuhr Onkel Gabriel. Er war allein stehend, ein Wunderling, wohnte ganz allein in einem kleinen Haus im Hunsrück. Den ganzen Tag las er in Büchern oder schrieb selbst welche. Sein Häuschen sah aus wie ein alter Buchladen.

Dieser Onkel Gabriel machte sich auf die Reise, um seine Nichte Nadja zu besuchen. Er hatte ihr etwas mitgebracht, einen Plüschpinguin, groß und kuschelig.

„Das ist nett", sagte die Mutter. „Aber mit Kuscheltieren haben wir es auch schon versucht." Onkel Gabriel ging darauf gar nicht weiter ein.

Als es dunkel wurde, fragte er, ob die Familie nicht mal einen freien Abend haben wolle. Er würde mit dem Pinguin bei Nadja bleiben.

„Ich kann aber überhaupt nicht schlafen!", rief Nadja sofort. Und Onkel Gabriel sagte: „Wer spricht denn von schlafen? Du, ich und der Pinguin, wir unterhalten uns ein bisschen."

Na gut, wenn Onkel Gabriel sich opfern wollte … Die Familie besuchte Freunde. Aber kaum waren sie da angekommen, schliefen auch schon alle ein, so übermüdet waren sie.

Nadja hingegen saß putzmunter und aufrecht in ihrem Bett, lutschte am Daumen und hörte dem Pinguin zu. Der konnte freilich nicht selbst reden. Darum musste es Onkel Gabriel für ihn tun.

„Liebe Nadja", fing er an. „Stell dir doch einmal vor, wie es wäre, wenn es keine dunkle Nacht gäbe. – Ja, ja. So fing nämlich alles an. Die Schöpfung sprach: Es werde Licht. Und gleich sprang die goldgelbe Sonne wie ein Eidotter aus dem Weltenei. So erzählen es sich jedenfalls die Pinguine. Denn bei uns kommt alles Leben aus dem Ei. Die Sonne erfüllte die ganze Welt mit ihrem Glanz. Die Erde wurde grün, wurde bunt und belebt mit allerlei Pflanzen, Tieren und Menschen. Die Blumen blühten, die Vögel sangen und tirilierten, die Kinder spielten und die Erwachsenen gingen ihrer Arbeit nach. Und immerzu schien die Sonne.

Aber wie lange kann ein Kind spielen, ein Vogel singen, ein Mensch arbeiten? Wie lange erträgt die Erde das immerwährende Sonnenlicht? Die Meere trockneten aus und es entstanden Stein-, Sand- und Salzwüsten. Die Pflanzen verdorrten und die Tiere verkrochen sich unter die Erde.

Auch die Menschen litten unter der sengenden Helligkeit. Einige waren schon gelb, braun oder schwarz gebrannt. Andere krochen nach dem Vorbild der Tiere unter die Erde, wo sie weiß wie Engerlinge blieben. Wenn keine Hilfe käme, war abzusehen, wann jede Kreatur unter die Erde kriechen müsste, um nicht vom ewig gleißenden Sonnenlicht verbrannt zu werden.

Irgendjemand musste sich an die Schöpfung wenden, um Hilfe zu erbitten. Aber wer sollte das sein? Wer könnte klug, würdevoll und zugleich ehrerbietig genug sein, um diesem hohen Wesen gegenüberzutreten?

In aller Bescheidenheit, liebe Nadja, möchte ich bemerken, dass dafür tatsächlich nur ein einziger in Betracht kam, nämlich mein Vorfahre, der Pinguin, der mit dem Frack und den guten Manieren.

Er war es, der vor der Schöpfung die Nöte und Sorgen der Kreaturen darlegte und in aller gebotenen Dringlichkeit und Bescheidenheit um Abhilfe bat.

Die gütige Schöpfung hatte ein Einsehen. Sie holte aus den Tiefen der Ozeane die kühle Nacht hervor, die dort seit Ewigkeiten geschlafen hatte.

Als die Nacht zum ersten Mal ihren Mantel über die Erde breitete, verschwand das Licht. Die Menschen erschraken und fielen um wie tot. Die Erde aber atmete auf und genoss die Kühle. Mutter Nacht hatte Mitleid mit den Pflanzen und der verkrusteten Ackerkrume. Sie netzte alles mit Morgentau, bevor sie wieder in der Tiefe des Ozeans verschwand. Mit den Tautropfen gab sie der Welt die Tränen, die den Schmerz lindern.

Als endlich die Sonne wieder aufging, erhoben sich die Menschen und fanden zu ihrem Erstaunen alle Natur frisch und lebendig. Als die Nacht zum zweiten Mal kam, fielen auch die Menschen nicht mehr um wie tot. Sie legten sich auf einen weichen Platz und ruhten sich aus. Dieses Ausruhen in der dunklen Nacht, das wie Totsein, aber doch nicht der Tod war, nannten sie nun Schlaf. Damit auch die letzten ihre Angst vor dem Schlaf verlieren sollten, schenkte ihnen die Nacht bunte Träume.

Im Wechsel von Tag und Nacht erkannten die Menschen die Zeit.

‚Seit drei Nächten habe ich dich nicht zu Gesicht bekommen', sagten sie; oder: ‚Für diese Arbeit hast du Zeit, bis es Nacht wird.' Anfangs zählten die Menschen die Nächte und nicht die Tage. Und heute noch reden wir auch von Monden, den Monaten, und nicht von Sonnen. Die Engländer sagen sogar ‚fortnight', was vierzehn Nächte heißt und nicht vierzehn Tage."

An dieser Stelle hielt Onkel Gabriel inne. Es schien ihm, als ob Nadja eingeschlafen sei. Aber sofort setzte diese sich wieder hin und rief: „Ich bin noch wach, ich bin noch wach."

Onkel Gabriel gab ihr den Pinguin in den Arm, und der erzählte weiter:

„Aber wie immer gab es unter den Menschen auch Unzufriedene. Denen dauerte die Nacht zu lang. Also wollten sie Licht in das Dunkel bringen. Sie versuchten auf allerlei Weise das Tageslicht einzufangen, um es dann nachts zu benutzen. Sie füllten es in Säcke, fingen es mit Mausefallen oder sperrten es in fensterlose Zimmer. Alles ohne Erfolg. Da warf die Schöpfung Blitze herab und schenkte ihnen so das Feuer. Die Menschen füllten es in runde Gefäße ab. So machten sie kleine Sonnen, die sie Lampen nannten. Aber das Feuer musste gefüttert werden, mit Öl, mit harzigen Spänen oder mit Wachs. Wieder waren die Menschen unzufrieden. Diesmal über die Gefräßigkeit des Feuers in ihren kleinen Sonnen.

Die Schöpfung war geduldig. Sie wies einem Erfinder namens Edison den Weg zur Erfindung einer kleinen Sonne, die weder Öl noch Wachs brauchte, sondern mit etwas gefüttert werden konnte, das er Elektrizität nannte. Jetzt konnte, wer unbedingt wollte, sich die Nacht zum Tage machen. Ob das ein Vorteil ist, möchte ich bezweifeln.

Vielleicht waren hell und dunkel die ersten Gegensätze, die den Menschen bewusst wurden. Leider saß ihnen der Schock, den sie beim ersten Erscheinen der Nacht erlitten hatten, noch tief im Gemüt. Noch oft fürchteten sie, die Nacht könne auf ewig das Licht getötet haben. Es half ein wenig, dass die Nacht einen Spiegel an ihren dunklen Himmel heftete, in dem sich die Sonne spiegeln konnte, um zu zeigen, dass sie immer noch da war. Du weißt, wie dieser Spiegel heißt, nämlich Mond. Zwar freuen sich die Menschen an ihm, aber ihre Angst sitzt tief. Darum wollen die Kinder, die diese Geschichte nicht kennen, auch abends nicht einschlafen. Auch die Erwachsenen kuscheln sich nachts besonders eng aneinander, um ihre uralte Angst vor der Dunkelheit zu vergessen.

Nur wir Pinguine, das darf ich in aller Bescheidenheit sagen, wir teilen diese Angst nicht. Wir lieben die Nacht genauso wie den Tag. Darum hält die Nacht sich wohl auch länger bei uns am Südpol auf als bei den Menschen. Sie nennt sich dann ganz vornehm ‚Polarnacht'. Von ihr weiß ich, dass Tag und Nacht Geschenke der Schöpfung sind. Denn wenn es keine Dunkelheit gäbe, dann säßen wir jetzt alle wie die Maulwürfe unter der Erde. Und das wäre doch ein Jammer."

Mit dem Pinguin im Arm war Nadja eingeschlafen. Wann, konnte Onkel Gabriel gar nicht mal genau sagen. Erst am nächsten Abend erfuhr er, bis wohin Nadja zugehört hatte, und er erzählte ihr das Ende noch einmal. Dann fuhr er wieder zu seinen Büchern in den Hunsrück. Der Pinguin blieb da.

Nadja und er verbrachten noch unzählige schöne Abende miteinander und waren froh, wenn sie niemand dabei störte.

Das Ungeheuer

Eines Abends saß Oma da und stickte. Nach einer Weile bemerkte sie, dass ihre Enkeltochter sorgfältig vermied, aus dem Lichtkegel der Tischlampe herauszukommen und in den Schatten der dunkleren Zimmerecken zu treten.

„Was ist denn mit dir?", fragte sie schließlich.

„Schscht", machte Lale und legte den Zeigefinger auf den Mund.

„Da in der Ecke sitzt ein Ungeheuer."

„Na sowas!", sagte Oma. „Davon hab' ich ja gar nichts gewusst. Dann wollen wir doch gleich mal nachsehen." Sie nahm die Tischlampe hoch und leuchtete in alle Ecken. Aber kein Ungeheuer war zu sehen.

„Ja, jetzt am Tage", sagte Lale zögerlich. „Aber nachts, da solltest du es mal sehen!"

„Ich verstehe", sagte Oma und nahm ihre Brille ab. „Erzähl mir mal, wie es aussieht und was es macht, damit ich's erkenne, wenn ich ihm mal begegne."

„Wenn ich nachts durch die Wohnung gehe …", fing Lale an.

„Du gehst nachts durch die Wohnung?" Da musste sich Oma doch wundern.

„Das ist im Traum", erklärte Lale. „Da sitzt das Ungeheuer da in der Ecke. In der da. Dann versuche ich, mich ganz schnell, ganz an der andern Wand lang an ihm vorbeizudrücken. Aber das Ungeheuer kommt hervor und schnappt nach mir. Mit seinem riesigen Maul schnappt es nach meinem Nachthemd. Es ist ein schwarzes Ungeheuer, nur Maul. Furchtbar. Ganz böse Augen hat es auch noch. Da tut es so, als ob es schläft. Aber dann schnappt es plötzlich zu."

„Und dann?“, fragte Oma interessiert. Lale wunderte sich, dass es ihr nicht grauste.

„Dann will es sich gerade in meinem Nachthemd festbeißen. Und … und dann wach’ ich auf und hab’ ganz arg Angst.“

„Und jetzt hast du sogar schon am Tag Angst. Das ist ja fies.“

Oma war voller Mitleid und sann auf Abhilfe.

Oma schaute auf ihren altertümlichen Nähtisch aus Kirschholz mit gedrehten Beinen. Man konnte ihn aufklappen. Da war ein Spiegelchen im Deckel. In vielen, vielen kleinen Fächern waren die Nähutensilien verteilt. Da gab es Nähnadeln und Stecknadeln, Knöpfe, Druckknöpfe und Haken. Es gab Einziehgummis, Hutgummis und Knopflochgummis. Fingerhüte gab es und einen kleinen Stechbeitel, um Lochstickerei zu machen. Ein Stopfei und einen Stopfpilz. Es gab Nähgarn, Stopfgarn und Stickgarn. Das musste nach Farben geordnet sein.

„Soll ich den Nähtisch mal wieder aufräumen?“, fragte Lale und setzte sich halb auf Omas Schoß. Das war eine von Lales Lieblingsbeschäftigungen, denn am Ende bekam sie immer etwas geschenkt: ein kleines Döschen mit Stickperlen, einen besonders schönen Knopf oder einen kleinen silbernen Elefanten, der sich dahin verlaufen hatte.

„Jetzt nicht“, sagte Oma und suchte sich eine neue Sticknadel aus.

Sie achtete sehr auf ihre Nadeln, die in einem kleinen Nadelbuch aus Filz geordnet waren. Da gab es sogar eine Rundnadel, um Teddys zu flicken und Puppenköpfe wieder anzunähen.

Für jeden anderen sind Nähnadeln eben Nähnadeln. Aber Oma schien jede einzelne Nadel persönlich zu kennen. „Kinder, wo ist meine liebste Nadel?“, hörte man sie oft rufen, wenn jemand sich einfach ihrer Nähnadeln bedient hatte.

Dies alles zeigt, dass Oma einen feinen Sinn für geheime Ordnungen hatte, die sie immer wieder herzustellen bemüht war. Obwohl so feinsinnig, war sie doch eine unerschrockene Frau. Auch Ungeheuer in der Zimmerecke konnten sie nicht aus der Fassung bringen. Es lag ihr aber fern, so zu tun, als gäbe es keine Ungeheuer, wozu manche Erwachsenen aus eigener Angst neigen.

Oma betrachtete jetzt eingehend die Scheren, die vorne im etwas breiteren Fach lagen. Es gab eine Stickschere, die wie ein goldener Reiher geformt war. Der lange Schnabel war die Schere. Dann gab es eine Schnuppschere, mit einem kleinen, kleinen Kästchen dran. So etwas braucht man heute nicht mehr. Aber früher, als man hauptsächlich mit Kerzenlicht auskommen musste, da schnitt man mit so einer Schere das abgebrannte Dochtstück ab. Es fiel dann gleich ins Kästchen und nicht in die Kerze. Das war praktisch. Die große dritte Schere war eine Schneiderschere. In ihrem linken Ohr oder Henkel hatten drei Finger Platz, der vierte lag obendrüber in einer Kuhle. Der Daumen hatte das andere Ohr für sich allein. Er steht ja immer den vier anderen Fingern allein gegenüber. Auch der Griff dieser Schere war schön geschmückt, mit Ranken und so. Früher hatte man dafür viel Sinn.

Oma schien etwas eingefallen zu ein. Sie nahm die Schere in die Hand.

„Gibt's die Scheren auch für Linkshänder?", fragte Lale jetzt, denn Kinderscheren haben ja keine verschiedenen Ohren. Oma lachte. „Dreh sie doch einfach um", sagte sie und gab Lale die Schere. Tatsächlich passte sie auch für Lales kleine linke Hand.

„Ich leihe sie dir", flüsterte Oma und sah sich verschwörerisch nach den dunklen Ecken um. „Leg sie auf deinen Nachttisch, griffbereit. Sollte das Ungeheuer sich wieder in deinem Nachthemd verbeißen, schneid einfach das Stück Hemd ab und du bist frei!"

Lale ging voller Tatendrang zu Bett. Die Schere lag griffbereit in der Nachttischschublade. In dieser Nacht wachte Lale nicht auf. Aber am Morgen stand sie auf und fühlte verwundert mit der Hand den ganzen Saum ihres Nachthemds nach. Es fehlte kein Stück.

„Komisch“, sagte sie. „Ich hab’s doch heute Nacht abgeschnitten.“

Lale dämmerte es, dass es zwei verschiedene Welten geben musste, die Traumwelt und die Wirklichkeitswelt. Aber irgendwie hatten die zwei doch etwas miteinander zu tun, so wie Nacht und Tag.

Das Ungeheuer jedenfalls war beleidigt und kam nie wieder.

Mit Omas Weisheiten aus dem Nähkästchen hatte es nicht gerechnet.

Wozu jemanden erschrecken, der sowieso keine Angst mehr hat? Das macht Ungeheuern keinen Spaß.

„Also? Immer eine Schere parat haben, wenn’s auch nur eine kleine ist“, sagte Oma.

Ihr werdet das bestätigt finden. Menschen, die immer ein kleines Nähzeug mit Schere dabeihaben, die wissen mit Ungeheuern umzugehen.

Die drei auf der Dachrinne

Quasselstrippe, Klatschbase und Plappermaul saßen auf der Dachrinne und überlegten, was sie mal wieder Böses tun könnten.

Unten auf der Straße gingen die Kinder zur Schule.

„Ich weiß was", rief Quasselstrippe, flog hinunter und setzte sich dem Thomas auf die Schulter. Natürlich sah sie niemand. Deshalb konnte sie Thomas in aller Ruhe so lange ins Ohr flüstern, bis der dachte, er spräche zu sich selbst.

„Ich bin nix, ich kann nix, ich werd' nix!
Ich bin nix, ich kann nix, ich werd' nix!
Ich bin nix, ich kann nix, ich werd' nix!"

Thomas, der anfangs noch mutig vorangeschritten war, sackte immer mehr in sich zusammen und kam schließlich blass und zittrig in der Schule an.

Klatschbase hatte sich unterdessen auch ein Opfer ausgesucht: die kleine Silke, die ihr neues Kleid anhatte, auf das sie sehr stolz war. Aber nur so lange, bis Klatschbase ihr hundert Mal ins Ohr flüsterte:

„Alle lachen über mich, keiner mag mich!
Alle lachen über mich, keiner mag mich!
Alle lachen über mich, keiner mag mich!"

Als Silke in der Schule ankam, schlich sie nur noch an der Wand entlang und schlug die Augen nieder, in der Hoffnung, sich so unsichtbar machen zu können.

Plappermaul saß noch auf der Dachrinne, als Stephan eiligen Schrittes vorbeikam. Stephan war der Klassenbeste, und deshalb war es für Plappermaul nicht ganz leicht, sich etwas Gemeines für ihn auszudenken. Aber dann fiel ihm doch etwas ein und schon sauste er runter von der Dachrinne.

„Ich bin nicht gut genug, ich bin nicht gut genug, ich bin nicht gut genug", flüsterte es genüsslich in Stephans Ohr. Und Stephan wurde immer nervöser.

Als Silke in die Klasse kam, sagte Claudia: „Du hast ja ein neues Kleid an!"

Silke hörte gar nicht richtig hin und hielt den Blick gesenkt.

„Na ja, ich wusste, dass es dir nicht gefällt", flüsterte sie. Claudia wollte widersprechen, aber Silke hatte sich schon in ihre Bank gedrückt.

In der Mathestunde wurde eine Arbeit geschrieben. Stephan war, wie immer, schnell fertig, denn er hatte seine Hausaufgaben gemacht.

Aber gerade da hörte er wieder Plappermauls Flüsterstimme, die ihm einredete: „Ich bin nicht gut genug, ich bin nicht gut genug."

Stephan rechnete nun alle Aufgaben noch einmal nach, war nervös und machte Rechenfehler. So gelang es ihm tatsächlich, alle Aufgaben zu verschlimmbessern. Schweißgebadet gab er die Arbeit ab. Der Lehrer warf einen Blick darauf, schüttelte den Kopf und sagte: „Stephan, bist du krank?"

In der Deutschstunde wurde Thomas aufgerufen, um ein Gedicht aufzusagen.

„Ich ging im Walde so für mich hin,
Und nichts zu suchen, das war mein Sinn.
Im Schatten … da war … da fand … ich sah …"

„Fang noch mal an", sagte die Lehrerin freundlich.

„Ich ging in den Wald … ich suchte … da, da …"

Die Klasse lachte.

Thomas bekam Tränen in die Augen. „Nie kann ich was“, sagte er leise.

Die Lehrerin stand auf, kam zu Thomas und setzte sich auf seinen Tisch. „Du, Thomas“, sagte sie. „Kann es sein, dass du jemanden auf der Schulter sitzen hast?“

Erstaunt schaute Thomas auf seine rechte und auf seine linke Schulter, konnte aber nichts entdecken.

„Ich glaube nämlich schon, dass da jemand sitzt, eine gewisse Quasselstrippe. Und die flüstert dir immerfort ins Ohr:

‚Ich bin nix, ich kann nix, ich werd nix.‘ “

Tja, das war ja nun Pech für die drei Bösewichter von der Dachrinne, dass da jemand war, der sie sehen und hören konnte. Damit hatten sie nicht gerechnet. Sie verhielten sich ganz still, aber das half ihnen gar nichts. Sie hatten einfach schon zu viel gequasselt.

„Es gibt da auch eine gewisse Klatschbase“, fuhr die Lehrerin fort, „die will einem immer weismachen, dass keiner einen mag und alle über einen lachen.“

„Ja, genau“, rief Silke und hielt sich dann gleich erschrocken den Mund zu.

„Ich bin nicht gut genug, ist auch ein beliebter Spruch“, sagte die Lehrerin und Stephan war verblüfft. Woher wusste sie das?

„Außerdem gibt es noch eine Menge anderer Sprüche, die alle den Zweck haben, uns klein zu machen. Aber das lassen wir uns nicht länger gefallen!“ Energisch sprang die Lehrerin auf und lief zur Tafel.

„Na?“, rief sie. „Jetzt sagt mir mal alle, was für Sprüche die Gespenster von der Dachrinne euch ins Ohr geflüstert haben.“

„Von der Dachrinne?“, fragte Thomas. Nun mussten die armen Gespenster mit anhören, wie die Lehrerin ihre ganze Geschichte verriet. Entsetzt flüchteten Quasselstrippe, Klatschbase und Plappermaul wieder auf die Dachrinne.

Die Lehrerin schrieb alle Sprüche auf, die die Kinder ihr zuriefen.

„So", sagte sie dann. „Jetzt denkt euch stattdessen Mutmachsprüche aus."

Die Kinder dachten nach.

Den ersten Spruch: „Ich bin nix, ich kann nix, ich werd' nix", löschte die Lehrerin nun aus und schrieb stattdessen:

„Ich kann, was ich will!"

Das hatte Thomas sich ausgedacht.

Statt: „Alle lachen über mich, keiner mag mich", schrieb sie:

„Ich habe Freundinnen!"

Das hatten Claudia und Vanessa Silke vorgeschlagen. Silke wurde rot vor Freude und sagte es sich immer wieder: „Ich habe Freundinnen!"

Bei dem Spruch: „Ich bin nicht gut genug", brauchte die Lehrerin nur das „nicht" auszulöschen, fand Stephan. Aber die Lehrerin schrieb den Satz doch noch einmal ganz neu: „Ich bin gut genug!"

Nachdem all die blöden Sprüche gelöscht waren und die schönen neuen an der Tafel standen, fragte die Lehrerin die Kinder nach den Namen ihrer Gespensterchen, denn sie glaubte, dass die doch noch ab und an kommen würden, um ihr böses Flüsterwerk zu probieren. „Jaulfritze" hieß einer, „Schwafelkarl" ein anderer oder „Laberschnauze". Je mehr Namen genannt wurden, umso mehr mussten die Kinder lachen.

„Was ist denn hier los?", fragte der Geschichtslehrer, der schon zur nächsten Stunde kam. Die Klasse hatte die große Pause ganz und gar vergessen.

„Ach, das ist ja interessant", sagte der Geschichtslehrer, als er von den Flüstergespenstern erfuhr. „Ich hatte mich schon so manches Mal gewundert."

Von nun an durften die Kinder ab und zu ihre Mutmachsprüche sagen. Gleich dreimal hintereinander, damit's auch wirkte. Und morgens auf dem Schulweg sahen sie zur Dachrinne hinauf, dorthin, wo sie vom vielen Draufsitzen schon ein wenig verbeult war.

„Bäh", sagten sie und streckten die Zunge heraus.

Dann schämten sich die gemeinen Gespensterchen.

Milchkaffee und Honigzwieback

Silke saß auf der Bank und wartete auf den Bus. Endlich sah sie ihn. Schwerfällig kroch er um die letzte Biegung der Landstraße und hielt dann an. Aber niemand stieg aus. Völlig verstört sah Silke dem Bus nach. Er verschwand in einer Staubwolke.

Sie stand nicht auf, ließ die Füße baumeln. Hin und her, hin und her. In einer halben Stunde kam noch ein Bus, das wusste sie.

Manchmal kann eine halbe Stunde so lang sein wie ein halbes Jahr.

Endlich kam der nächste Bus. Diesmal stiegen zwei Männer aus, aber keiner von ihnen war Silkes Vater.

Einmal hatte Silke ein zu großes Stück Kloß verschluckt. Das saß dann in ihrer Speiseröhre fest. So ein Stück Kloß saß jetzt wieder in ihrer Brust. Sie meinte, daran zu ersticken, als sie dem Bus nachsah. Dann sprang sie plötzlich auf und stieß einen riesigen Schrei aus. Mit dem Schrei schien der Kloß aus ihrem Hals zu springen. Sie schlug mit den Fäusten auf die Bank ein.

„Du blöder, gemeiner, ekliger, saudummer Kerl", schrie sie. „Na warte! Dir werd' ich's zeigen!"

Dann saß sie wieder auf der Bank in der Stille der Nachmittagshitze. Kein Bus kam mehr, niemand war zu sehen. Es lag ein Summen in der Luft, das die Einsamkeit noch einsamer machte. Silke war ganz allein auf der Welt. Niemals würde sie Gelegenheit haben, irgendjemandem irgendetwas zu zeigen. Die Zeit stand still. Silke saß da wie tot.

Dann kam ein kleiner Sommerregen, kitzelte ihre Hände und Beine und machte ihr T-Shirt nass. Silke wischte sich den Regen von den Backen. Das fühlte sich an wie Tränen. Langsam schlurfte sie zurück ins Kinderheim.

Aber das lag still da, wie ausgestorben. Niemand weit und breit. Silke bekam solche Panik, dass sie sich fast in die Hosen gemacht hätte. Die freundliche Stimme des Hausmeisters erlöste sie aus ihrer Einsamkeit.

„Ich dachte, du bist mit deinem Vater im Kaffee Glück“, sagte er.

„Der kann mir gestohlen bleiben. Ich bin froh, dass der blöde Bock nicht gekommen ist, der blöde.“ Silke stemmte ihre Fäuste in die Taschen und sah böse in eine Ecke.

Der Hausmeister hieß Herr Bollmann. Er reparierte einen Stuhl.

„Ja, ja“, murmelte er. „So schnell kann sich enttäuschte Liebe in Hass verwandeln. Das kennt man.“

„Was hast du gesagt?“ Silke kam näher.

„Du könntest mir mal helfen, bitteschön.“

Silke hielt die Lehne fest, während Herr Bollmann Schraubzwingen anbrachte. „So, jetzt kann der Leim festtrocknen“, sagte er befriedigt. „Wenn ihr Kinder nicht so viel kippeln würdet, dann – dann wäre ich bald arbeitslos.“

Herr Bollmann lachte sein gutmütiges Lachen, was manche für einfältig hielten.

„Ich hab' ein bisschen Kaffee“, sagte er dann. „Pschscht, natürlich weiß ich, dass Kinder eigentlich keinen Kaffee trinken dürfen. Aber die anderen sind auf einem Ausflug, mit allen Tanten und Verwandten. Da wollen wir's uns doch auch gemütlich machen.“

So saßen dann Silke und Herr Bollmann auf der Eckbank in der Küche. Silke trank viel Milch mit ein bisschen Kaffee, und Herr Bollmann trank viel Kaffee mit ein bisschen Milch. Dazu gab es Zwieback mit Honig.

„Also, jetzt erzähl mir noch mal alles haarklein", sagte Herr Bollmann. Silke wollte eigentlich nicht. Sie wollte nie, nie mehr an ihren Vater denken. Aber Herr Bollmann war anscheinend so neugierig, dass sie ihm alles, alles erzählen musste, vom dicken Bus, der Staubwolke, dem Regen und vor allem dem Kloß im Halse.

„Kenn' ich", sagte Herr Bollmann. „Find' ich fabelhaft, dass du ihn rausschreien kannst, den Kloß. Bei mir sitzt er manchmal tagelang fest."

Silke leckte sich den Honig von den Fingern und vom T-Shirt. Sie hatte jetzt nicht mehr dieses Angstgefühl. Sie war nicht mehr allein auf der Welt.

„Schade, dass du nicht mein Vater bist", sagte sie dann.

„Ja. – Ja, ja, so ist das nun mal", bestätigte Herr Bollmann. „Dafür bin ich immer hier und muss nicht mit dem Bus fahren."

Silke dachte über den Sinn dieses Satzes nach. Da klingelte das Telefon. Herr Bollmann ging dran. „Ja?", sagte er. „Ja, ja. – Ach so. – Ja, mach' ich. – Natürlich. – Ja. – Auf Wiederhören."

Er hängte den Hörer auf. „Denk mal", sagte er und setzte sich wieder zu Silke auf die Eckbank. „Das war wegen deinem Vater. Er hat sich ein Bein gebrochen. Leute von der Straße haben ihn ins Krankenhaus gebracht. Jetzt ist er in guten Händen. Die Krankenschwester hat für ihn angerufen. Er lässt dich grüßen. Du sollst Frau Merkel fragen, ob du *ihn* jetzt mal besuchen kommen kannst, zur Abwechslung."

Eigentlich hätte Silke jetzt glücklich und zufrieden sein müssen. Sie hatte sich ja geirrt und ihr Vater hatte sie nicht vergessen. Anscheinend konnte er gar nichts dafür und hatte auch noch Beinschmerzen, aber Silke konnte die tottraurige Angst nicht vergessen, die sie befallen hatte, als sie da so allein auf dem Bänkchen saß, ganz allein in einer großen, leeren, stillen Welt. Das würde sie im ganzen Leben nie vergessen. Aber es würde ihr auch immer wieder einfallen, dass man nur ein paar Schritte zu gehen brauchte und da gab es dann einen Herrn Bollmann. Der sah gar nicht so aus, aber eigentlich war er ein Engel. Zum ersten Mal im Leben hatte Silke von ihm Erwachsenenkaffee bekommen, Milchkaffee mit Honigzwieback. Auch das würde sie nie vergessen. Mit dem warmen Milchkaffee, dem Honigzwieback und den freundlichen Worten hatte er die Angst einfach vertrieben.

Man glaubt es gar nicht, aber Hausmeister kann einer der wichtigsten Berufe der Welt sein.

Das schneeweiße Steinchen

„Geh nicht fort, geh nicht fort." Dirk klammerte sich jammernd am Hosenbein seines Vaters fest. Alles Zureden half nichts. Neugierig bildeten die größeren Kindergartenkinder einen Kreis um den Neuen.

„Wenn ich dich nicht mehr sehe, dann hab' ich so Angst, dass ich dich nie, nie mehr sehe!", klagte Dirk.

„Na hör mal!", sagte der Vater. „Das war vielleicht früher so, als man noch das schneeweiße Steinchen finden konnte."

„Was denn für 'n schneeweißes Steinchen?", fragte Dirk und verschmierte Schokolade und Tränen auf seinem Gesicht.

„Wart mal einen Moment."

Der Vater ging zum Telefon und rief seinen Arbeitskollegen an, um ihm zu sagen, dass er eine halbe Stunde später käme. Er müsse seinem Sohn noch die Geschichte vom schneeweißen Steinchen erzählen.

Da setzten sich alle Kinder da hin, wo sie gerade gingen und standen, Dirk mittendrin, denn sie wollten natürlich auch die Geschichte hören. Es blieb gerade noch ein bisschen Platz für den Vater, der auch gleich anfing zu erzählen:

„Einmal lebte ein Hirtenbub, der musste im Sommer die Ziegen und Schafe des Dorfes hüten. Dabei konnte er singen wie ein Vogel und trällern, dass man es weit ins Tal hören konnte. Eines Tages plagte ihn der Durst und er suchte lange auf der ganzen Weide herum nach einem Schluck Wasser. Endlich fand er unter einer hohen Tanne einen kleinen Weiher. Da warf er sich mit trockener Kehle nieder und schlürfte begierig das kühle

Wasser. Und wie er so über den Weiher gebeugt dalag, sah er in ihm die Tanne gespiegelt und oben in der Tanne ein Vogelnest.

‚Das will ich mir näher besehen', dachte er, und behend wie ein Eichhörnchen erkletterte er den Baum. Oben angekommen, suchte und griff er nach dem Ast, den er im Wasser gesehen hatte, aber von einem Nest war da nicht die geringste Spur. Wohl oder übel stieg er wieder hinunter.

Aber siehe da, als er nochmals in den Weiher schaute, sah er das Nest ganz deutlich. Zum zweiten Mal kletterte er auf die Tanne, aber auch dieses Mal konnte er rein gar nichts entdecken. Noch ein drittes und viertes Mal ließ er sich an der Nase herumführen, bis ihm einfiel, er könnte im Wasser alle Äste zählen bis an das Nest hinauf. Gedacht, getan, und diesmal lachte ihm das Glück. Als er oben beim abgezählten Ast angekommen war, griff er zu und hielt ein schneeweißes Steinchen in der Hand.

In diesem Augenblick bekam er auch das Nest zu sehen, in dem das Steinchen gelegen hatte. Das wunderte ihn. Weil ihm das schneeweiße Steinchen gefiel, steckte er es in die Tasche und kletterte wieder zur Erde hinab.

Als es Abend wurde, trieb er seine Ziegen und Schafe heim, wobei er nach seiner Gewohnheit ein Lied nach dem andern sang. Aber was geschah? Als er ins Dorf kam, schauten die Leute ganz verstört, denn sie hörten ihren Hirtenbub zwar singen, sahen aber nur die Ziegen und Schafe.

Nichts ahnend zog der Hirtenbub weiter singend vor sein Elternhaus. Da wussten sich Vater und Mutter vor Schreck nicht zu fassen.

‚Mein armer Junge', jammerte die Mutter. Der Hirtenbub konnte sich auf all das keinen Reim machen.

‚Ja was hast du nur gemacht?', jammerte die Mutter. ‚Wo hast du dich nur wieder rumgetrieben?'

Der Bub erzählte alle Einzelheiten eines ganz gewöhnlichen Hirtentages und natürlich auch von dem hübschen Steinchen. Als er geendet hatte, rief der Vater: ‚Gib sofort das schneeweiße Steinchen her.' Der Bub gab es dem Vater in die Hand. Und was geschah?

‚Ja Vater, wo bist jetzt du?', riefen die Mutter und der Sohn wie aus einem Munde. Denn jetzt war wohl der Bub wieder sichtbar, der Vater aber unsichtbar geworden.

Da warf der Vater das Steinchen ganz ärgerlich auf den Spülstein. Nun war der Vater wieder da, aber der Spülstein weg, und mit ihm der ganze Abwasch.

‚Schön wär's!', sagte die Mutter und tastete nach dem Steinchen. Als sie es gefunden hatte, war sie weg und der Abwasch wieder da.

‚Wenn die Mama jetzt wirklich weg wär', sagte der Sohn nachdenklich. ‚Dann müssten wir ja den Abwasch machen.' Und dabei sah er seinen Vater so merkwürdig an. Da krempelten die beiden die Ärmel hoch und machten den Abwasch.

Vom Schaukelstuhl, der ganz allein vor der Feuerstelle schaukelte, erklang ein vergnügtes Kichern.

‚Dieses schneeweiße Steinle behalte ich', hörte man die Mutter sagen. Sie tat es in eine Schachtel, die natürlich sofort unsichtbar wurde.

Schade, dass nun niemand mehr weiß, wo die Schachtel steht. Auch ich habe leider kein solches Steinchen. Deshalb bin ich auch noch da, wenn du mich jetzt eine Weile nicht siehst, Dirk. Und ich weiß, dass du noch da bist, obwohl ich dich im Büro nicht sehen kann."

Damit stand der Vater auf, winkte und ging. Die Kinder, Dirk mittendrin, drängten sich an den Tischen, um schneeweiße Kieselsteine mit bunten Fingerfarben zu bemalen. Und pünktlich zur Mittagszeit tauchte der Vater wieder auf.

Gummimantelgummi

Willst du mit mir durch die Waschstraße fahren?", fragte Onkel Eduard. Er hatte ein schönes großes Auto. Natürlich wollte Karlchen. Seine Mutter hatte kein Auto, denn in dem Dorf, in dem sie wohnten, konnte man alles leicht zu Fuß erreichen.

Jetzt war Karlchen bei Onkel Eduard in der Stadt zu Besuch. Da war alles riesig. Schon allein bis sie zur Tankstelle kamen, dauerte es mindestens zwanzig Minuten. Onkel Eduard fuhr den kleinen Hügel hinter der Tankstelle zur Waschstraße hinauf. Da musste er anhalten und zwei Männer in Overalls spritzten sein Auto mit Seifenlauge ein. Und dann mit noch etwas, das roch, wie wenn Mama das Badezimmer putzte. Karlchen fand das alles sehr interessant. Die Seifenlauge lief in Schlieren an den Fenstern herunter. Dann stand das Auto auf Schienen und die Schienen fuhren es in eine dunkle Scheune hinein. Auf einmal fing Karlchen entsetzlich zu schreien an. Er schrie und schrie: „Ich will hier raus. Ich will zurück. Nein, nein, nein."

Was geschah? Ein Riesenkrake mit tausend schlabbrigen Fangarmen griff nach dem Auto, schleckte und schlotzte und klatschte und matschte und drohte, das ganze Auto wie einen Lutscher zu verspeisen. Gleich würde dieser grausige Krake sie mit Haut und Haaren verschlungen haben. Karlchen versuchte, durch das Seitenfenster zu entkommen. Aber selbst wenn Onkel Eduard das zugelassen hätte, es wäre sinnlos gewesen, das Fenster zu öffnen, denn riesige Borstenschweine wälzten sich am Auto entlang. Man konnte ihre dicken ekeligen Leiber richtig fühlen, wie sie voller Schadenfreude das arme Auto zwischen sich zu zerdrücken suchten.

Und immerzu dieses Geräusch der Borsten und das Geschlabber des rötlichbraunen Riesenkraken!

„Da müssen wir nun durch", hörte Karlchen Onkel Eduards tiefe Stimme. „Zurück können wir nicht. Komm her zu mir und schau nicht hin."

Karlchen krabbelte vom Hintersitz nach vorne auf Onkel Eduards Schoß und hielt sich die Augen zu. Das half aber nichts, denn er hörte trotzdem das grässliche Schnaufen, Klatschen und Schlabbern. Gerade als er dachte, nun habe sein letztes Stündlein geschlagen, war der Spuk vorbei. Es wurde still, die Sonne schien wieder und das Auto blitzte und blinkte wie neu. Nur Karlchen war kreidebleich und zitterte am ganzen Leibe. Verwundert sah er seinen Onkel an.

„Hattest du denn gar keine Angst vor dem Kraken?", fragte er.

„Was denn für 'n Krake?", fragte der Onkel.

„Also weißte!" Manchmal konnten die Erwachsenen auch wirklich dumm fragen. Karlchen erzählte dem Onkel alles, was der eigentlich selbst hätte wissen müssen, denn er war ja mit ihm gefahren, oder nicht?

Der Onkel lachte und sagte: „Ne du, das sieht zwar aus wie ein Krake, ist aber keiner. Die Waschstraße macht das nur, um dich reinzulegen."

Das fand Karlchen gemein.

Onkel Eduard fuhr noch einmal um die Tankstelle herum an den Anfang der Waschstraße. Er stieg aus und redete mit den Overallmännern. Weil gerade kein anderes Auto gewaschen werden wollte, stellten sie die Waschanlage ab. Der Onkel holte das widerstrebende Karlchen aus dem Auto und ging mit ihm zum Kraken, dessen Tentakel jetzt schlaff und ruhig herunterhingen. Auch die Borstenschweine sahen mager und unansehnlich aus. Überhaupt nicht wie Schweine.

Karlchen klammerte sich an Onkel Eduards Hand. Vielleicht verstellten sich die Biester ja jetzt und konnten jederzeit wieder ihre wahre Scheußlichkeit zeigen. Aber Onkel Eduard überredete ihn, die Tentakel des Ungeheuers einmal anzufassen. Sie waren aus Gummi. Wie Gummistiefelgummi oder wie Autoreifengummi oder wie Gummimantelgummi. Komisch.

„Und da oben, siehst du, da wird das Ganze dann ein bisschen gedreht und gerüttelt, damit es wie ein Mop oder ein Schrubber funktioniert."

Karlchen sah nach oben und konnte die Mechanik genau erkennen.

Onkel Eduard überredete sogar einen Overallmann, dass er für Karlchen ein kleines Stück rötlichen Gummimantelgummis von einem Tentakel abschnitt. Zum Mitnehmen. Dann durfte Karlchen die Waschanlage mal anstellen. An, aus, an, aus.

„Nu' is's aber genug!", rief der Overallmann, denn jetzt kam wieder ein Auto, das gewaschen werden wollte.

„Sollen wir auch noch mal durchfahren?", fragte Onkel Eduard. „Das würde ich mich schon was kosten lassen."

Aber Karlchen meinte, das sei Verschwendung.

So fuhren beide befriedigt nach Hause. Karlchen erzählte Tante Heidelinde die ganze Geschichte.

„Ist ja enorm!", sagte Tante Heidelinde. „Was bist du doch für ein begabter Junge. Gummimantelgummi! Mit diesem Zauberspruch kann dir wirklich niemand mehr ein X für ein U vormachen."

Das fand Karlchen auch, obwohl er nicht so genau wusste, was das hieß. Jedenfalls verwahrte er das Stückchen Gummimantelgummi in seiner Hosentasche.

Es hat ihm noch gute Dienste geleistet.

Hinz und Kunz

Jetzt darf ich wieder nicht die Fee spielen", jammerte Mia. „Das ist gemein."

„Ja, ja", knurrte Kunz. „Es gibt eben keine Gerechtigkeit mehr in der Welt."

„Das ist so gemein, so gemein", wiederholte Mia. „Dabei konnte ich den Text schon. Und jetzt kriegt die doofe Veronika die Rolle."

„Unbegreiflich, wirklich", jappte Kunz. „Du scheinst das Opfer einer Verschwörung geworden zu sein."

„Ja, genau", sagte Mia. „Die Veronika hat unsere Lehrerin so voll geschleimt, dass sie ihr die Rolle gegeben hat. Wie es mir dabei geht, fragt keiner."

Kunz ließ seine Mundwinkel tief herunterhängen. Seine langen Ohren auch. Und seine großen, schwarzen Augen schauten tieftraurig und schläfrig in den Nachmittag. „Ob es wohl daran liegt, dass Veronika so schöne Haare hat?", gab er zu bedenken.

Mia griff unwillkürlich an ihre Haare, die kurz geschnitten wurden, weil sie so dünn waren. „Kann schon sein", murmelte sie.

„Und singen kann Veronika im Endeffekt ja auch recht schön."

Kunz hatte so eine komische Art, die Worte zu zerhacken, als kaue er an einer Schuhsohle.

„Was heißt denn Endeffekt?", fragte Mia gereizt.

Kunz ließ die Mundwinkel noch tiefer runterhängen.

„Du tust mir ja so unendlich Leid", maulte er. „Manche Menschen erkennen eben deine Vorzüge nicht."

„Ja, ja. Und tanzen kann sie auch besser. Wahrscheinlich findet die Lehrerin meine Beine zu dick."

„Dafür kannst du ja nun wirklich nichts, du armes Ding", schlabberte Kunz und schleckte seiner Freundin übers Gesicht. Dann legte er seinen großen, alten Kopf wieder auf die Vorderpfoten und ließ Mia sich auf seinem Rücken ausweinen. Er hatte ja so ein dickes Fell und so viel Verständnis.

„Nie, nie werde ich im Leben eine schöne Rolle bekommen", sagte Mia schluchzend. „Ich kann gar nichts."

„Man kann einfach nichts machen", bestätigte Kunz mit einem Seufzer, der halb wie ein altes Bellen klang. Mia war froh, dass sie wenigstens einen hatte, der sie so voll und ganz verstand.

„Was ist los?", erklang da eine helle Stimme. „Wollt ihr am Nachmittag schon schlafen gehen?"

„Sch-kch-tz", machte Kunz. „Mia ist traurig. Sie hat die Rolle bei der Schulaufführung nicht bekommen."

„Aber ja, natürlich hat sie sie bekommen. Sie spielt doch den Kobold." Hinz sprang vom Schrank herunter und setzte sich aufrecht vor die beiden hin.

„Ach Kobold. Was ist das schon." Kunz schüttelte mitleidig den Kopf.

„Na hör mal!" Hinz konnte sich richtig aufregen. „Der Kobold ist die beste Rolle im ganzen Stück. Er hat am meisten zu sagen, kommt überall vor und ist auch noch lustig."

„Ja, lustig! Lass mich bloß damit in Ruhe. Da müsste Mia ja ganz viel machen. Auf die Schönheit kommt es an." Kunz war sich fast zu schade für so eine läppische Diskussion mit Hinz. Aber Hinz ließ nicht locker.

„Schönheit? Das ist doch keine Kunst. Aber komisch sein, auf der Bühne Purzelbäume schlagen, dem Publikum die Zunge rausstrecken, dem Zauberer heimlich den Schlüssel aus der Tasche ziehen und der schönen Fee den Geheimgang zeigen, das nenne ich Kunst!

Dazu braucht man Begabung und Mut. Das Publikum wird rasen vor Begeisterung.“ Hinz war selbst so begeistert, dass er mit seinem buschigen Schwanz den Boden peitschte und mit seinen Vorderpfötchen wilde Bewegungen ausführte, so, als wolle er Fliegen fangen.

Mia hatte ihm mit wachsendem Erstaunen zugehört. Jetzt richtete sie sich auf, wischte sich die Tränen vom Gesicht und fragte:

„Ja, Hinz, glaubst du denn, dass ich das kann?“

„Was für eine Frage!“, rief Hinz, sprang ein paar Mal aufs Sofa und wieder runter und spielte dann mit den herabhängenden Bommeln.

„Wenn ich es kann, dann wirst du es ja schon lange können. Du bist begabt. Du kannst dir leicht Texte merken. Du bist sportlich. Purzelbäume sind deine Spezialität. Du hast ein lustiges Gesicht und deine Augen sind fast so schön wie meine, richtige helle Katzenaugen.“

Jetzt musste Mia lachen. Sie schlug einen Purzelbaum und kam vor dem großen Spiegel an. Sie sprang auf und sah eine Mia, die herumhopste, Fratzen schnitt, Liedchen trällerte und immer wieder in Lachen ausbrach.

„Mein Kater hat Recht“, sagte sie. „Ich hab' das große Los gezogen. Jetzt brauche ich nur noch mutig zu sein. Dann kann ich singen und tanzen.“

„Deine Lehrerin wird dir helfen. Die ist nämlich nicht gemein, sondern gescheit“, sagte der Kater selbstgefällig und wollte sich die Pfoten lecken. Aber Mia ergriff ihn und tanzte mit ihm im Zimmer herum. „Ach, was bist du doch für ein kluges Tier, ein lustiges, kluges Tier.“

„O mein Gott! Das wird ja was werden!“, stöhnte Kunz in seiner Ecke. Aber Mia ließ sich keine Angst mehr einjagen und niemand hörte mehr auf den alten Hund.

Immer wenn Mia ein Problem hatte, beredete sie es mit Hinz und Kunz. Meistens fing Kunz an und bestätigte Mia in der Vermutung, sie sei das Opfer böser Machenschaften. Aber Hinz ließ das nicht zu. Er war der Meinung, das Leben sei ein großer Spaß und wer eine Maus haben wolle, der müsse sie sich eben fangen.

„Ängstlich hinterm Ofen zu warten, nützt nichts", miaute er mit einem spöttischen Seitenblick auf Kunz. Der konnte darüber nur den Kopf schütteln. Schon so manches Mal hatte er Hinz vom Schrank fallen sehen. Aber was er gar nicht verstehen konnte, war, dass dieser Kater dabei immer auf die Füße fiel.

Das Unbegreifliche

Es war einmal ein Mann, der hatte eine unbegreifliche Angst. Jeden Morgen, wenn er nicht mehr schlief, aber auch noch nicht richtig wach war, beschlich sie ihn. Er konnte gar nichts dagegen tun. Manchmal war es so schlimm, dass ihm übel wurde, wenn er aufstehen wollte, manchmal wollte er gar nicht erst aufstehen, denn er fürchtete sich vor allem. Vor was genau, wusste er nicht.

Die Angst hatte keinen Namen, keine Form oder Gestalt. Nur fühlen konnte er sie.

Wenn er ganz schnell aufwachte und kein Raum für dieses Zwischenstück zwischen Traum und Tag blieb, dann hatte auch die Angst keine Gelegenheit, sich seiner zu bemächtigen. Darum kaufte sich der Mann einen Hahn. Der weckte ihn pünktlich um sechs Uhr in der Frühe mit solchem Geschrei, dass er immer sofort aufstand. Er hielt den Hahn nämlich im Zimmer, machte ihm und sich selbst dann ein Frühstück und begann seinen Tag zufrieden.

Da ging es ihm eine Weile gut. Aber leider hatten seine Mitbewohner eine andere Einstellung zu Hähnen und ihrem durchdringenden Kikeriki in aller Herrgottsfrühe. Und so musste der Mann denn seinen Hahn wieder abschaffen.

Dann kaufte er sich einen Wecker. Aber das war nicht das Gleiche. Oft vergaß er ihn zu stellen oder machte ihn aus und schlief weiter.

Viele Menschen hätten ihm gerne geholfen.

„Wovor hast du denn Angst?“, fragten sie. Aber der Mann wusste es nicht.

„Du warst doch im Kriegsgebiet, was hast du denn da erlebt?“, fragten sie weiter. Aber auch davon wusste der Mann nichts mehr.

„Dann versuch doch mal, dich zu erinnern.“

Aber der Mann sagte: „Wozu mich an so etwas erinnern? Das ist es doch wirklich nicht wert, dass man sich daran erinnert. Erinnern soll man sich nur an schöne Dinge.“

„Aber du hast doch davor Angst“, sagten die anderen.

Und der Mann erwiderte: „Ne, davor habe ich bestimmt keine Angst, denn das ist ja schon gewesen. Wie kann man vor der Vergangenheit Angst haben? Schon gar nicht, wenn man sich nicht mehr erinnert.“

„Du willst dir einfach nicht helfen lassen“, sagten die anderen ungehalten und gingen ihm aus dem Wege.

Aber der Mann wollte schon. Nur wusste er nicht, was ihm helfen könnte.

Eines Tages verliebte er sich in eine rundliche Frau mit einem Apfelgarten. Sie redeten viel und gingen zusammen spazieren. Und schließlich zog der Mann zu ihr in ihr kleines Apfelhäuschen.

Nun musste es der Frau über kurz oder lang natürlich auch auffallen, dass den Mann des Morgens oft die Angst überfiel.

„Komm doch mal her, mein Lieber“, sagte die Frau an einem solchen Morgen und brühte den Kaffee auf. „Setz dich zu mir und sag einmal, wie sieht sie denn aus, deine Angst?“

Darüber hatte der Mann noch nie nachgedacht.

„Wie, wie schwarzes Wasser über einem Sumpf“, sagte er.

„Und wie hört sie sich an?“, wollte die rundliche Frau wissen.

„Wie, wie schneidender Wind über einem vereisten Feld.“

„Wie schmeckt sie denn?“, fragte die Frau weiter. Und der Mann sagte: „Wie siebenmal gekochte graue Grütze.“

Wie der Mann das sagte, wurde ihm ganz schlecht und die Frau musste ihm schnell ein Glas Quellwasser geben.

„Da wir nun schon mal dabei sind", sagte dann die rundliche Frau. „Wie riecht sie denn, deine Angst?"

Wieder musste der Mann eine Weile nachdenken, um dem, was er roch, einen Namen zu geben. „Wie Karbol", sagte er dann, und das war ein Desinfektionsmittel.

„Oh, oh", die Frau schüttelte mitleidig den Kopf. „Und wie fühlt sie sich überhaupt an, die Angst?"

Das wusste der Mann ganz genau: „Wie eine Qualle, die sich über einen lagert. Man kann sie nicht fassen, aber sie droht einen zu ersticken." Der Mann schüttelte sich und bekam eine Gänsehaut.

Die Frau streichelte ihn.

Jetzt waren die Brötchen im Ofen fertig. Mit Butter und Honig schmeckten sie sehr gut zum frischen Kaffee. Der Mann langte tüchtig zu und vergaß seine Qualle.

Nach dem Frühstück gingen sie spazieren. Im Wald floss ein munterer Bach über helle Kieselsteine. Der Frühlingswind bewegte sanft die Blätter der Bäume und die Vögel sangen. Sie pflückten einen großen Blumenstrauß, der roch nach tausend Kräutern.

Am Abend kuschelten sie sich unter das große karierte Daunenbett und schliefen friedlich ein.

Und morgens krähte wieder der Hahn. Der Mann setzte sich im Bett auf und hörte, wie die rundliche Frau sagte: „Aus schwarzem Wasser überm Sumpf wird ein heller Bach über Kieselsteinen.

Aus schneidendem Wind überm eisigen Feld wird sanftes Säuseln und Vogelgezwitscher.

Aus siebenmal gekochter grauer Grütze werden frische Brötchen mit Honig.

Aus Karbol wird würziger Kräuterduft.

Und die erstickende Qualle macht dem leichten Daunenbett Platz."

„Und einer rundlichen Frau", rief der Mann und lachte und lachte.

Der Mann wusste, dass das Unbegreifliche zu lange dagewesen war, um jemals wieder ganz zu verschwinden. Aber es tauchte nur noch sehr selten aus seinen Tiefen auf. Und wenn es das tat, dann sagte er, was die rundliche Frau ihn gelehrt hatte:

„Aus schwarzem Wasser überm Sumpf wird ein heller Bach über Kieselsteinen …"

Geschichten über den Tod und das Abschiednehmen

Da war es auf einmal so still

Jens war zwölf Jahre alt, als er eines Tages durch den Park ging. Da sah er unter einer großen Platane etwas Kleines, das sich bewegte. Zuerst dachte er, dass es eine Maus war. Aber als er näher hinsah, war es ein kleines Eichhörnchen. Aus dem Nest gefallen!

Jens nahm es in die Hand. Es fühlte sich so weich und zart an. Es brauchte Hilfe. Da nahm Jens das Tierchen mit nach Hause, obwohl er gar nicht wusste, was er damit machen sollte.

„Ach du liebe Zeit", rief seine Mutter. „Schon wieder ein Baby!"

„Was soll ich ihm denn zu essen geben?", fragte Jens.

„Zu essen? Siehst du da in seinem Mäulchen irgendwo Zähne? Babys trinken Milch. Aber wo kriegen wir jetzt Eichhörnchenmilch her?"

Jens schaute verdutzt.

„War ja nur Spaß", sagte die Mutter. „Halbmilch kriegen Babys. Halb Milch, halb Wasser und ein bisschen Traubenzucker. Nu mach mal."

Jens wärmte ein bisschen Wasser und Milch. Lauwarm musste es sein. Aber wie das dem Eichhörnchen einflößen?

„Tunk mal deinen Finger in die Milch und lass es lecken! Siehst du, das macht es. Und jetzt halt den Finger neben das Milchtellerchen, damit es merkt, wo die Milch herkommt."

Das Eichhörnchen schaute jetzt vergnügt aus seinen schwarzen Äuglein.

„Es braucht auch ein Nest", sagte die Mutter.

Jens holte einen alten Schuhkarton und Mutter legte weiche Wollstoffreste hinein. Das kleine Eichhörnchen kringelte sich zusammen und schob seinen Schwanz über die Augen. Es wollte schlafen.

Jens stellte den Schuhkarton neben sein Bett und seinen Wecker auf vier Stunden später, denn das Baby musste dauernd gefüttert werden.

„Hast du dir das auch gut überlegt?", fragte die Mutter. Sie kannte doch ihren Pappenheimer. Zu einem solchen Pappenheimer kann man auch Schludrie sagen.

Aber diesmal gab's nichts zu überlegen. Das Eichhörnchen war in Jens Leben gefallen, und da machte es sich jetzt breit. Jens hatte es aufgehoben und damit eine wichtige Rolle übernommen. Er fütterte es regelmäßig und es bekam Zähne. Da gab er ihm Körner und Nüsse und Tannenzapfen.

Sein großer Bruder kam und baute ihm einen Käfig, der eine ganze Ecke des Kinderzimmers einnahm, mit einem Ast zum Klettern und Laub, um sich darin zu verstecken. Wenn Jens von der Schule kam, ließ er das Eichhörnchen aus dem Käfig und in der Wohnung herumspringen.

Er konnte ebenso keckern wie das Eichhörnchen, und wenn er ihm pfiff, dann kam es und ging in sein Nest. Morgens stand es mit ihm auf und rannte im Käfig herum. Wenn es seine Schritte hörte, wartete es schon ungeduldig am Käfigtürchen. Es verband die beiden lange eine innige Freundschaft.

Eines Tages kam Jens erst abends nach Hause. Er wunderte sich, dass das Eichhörnchen nicht auf ihn gewartet hatte, sondern schon im Laub lag und schlief. Am nächsten Morgen tobte es auch nicht herum wie gewöhnlich. Es lag immer noch so da wie am Abend vorher, ins Laub gekuschelt.

Da war es auf einmal so still. Jens kriegte einen großen Schreck und rannte zu seiner Mutter.

Die Mutter kam ins Kinderzimmer und nahm das Eichhörnchen aus dem Käfig. Es war kalt und ganz steif. Aber es sah wunderschön aus, so süß, wie schlafend.

Jens weinte und holte den Schuhkarton, der das erste Nest vom Tierbaby gewesen war. Da legte die Mutter das Eichhörnchen hinein. So wurde die Wiege zum Sarg.

Dann musste Jens in die Schule. Und den ganzen Vormittag war er traurig und hatte auch ein schlechtes Gewissen, weil er dachte, dass es vielleicht seine Schuld war, dass das Eichhörnchen hatte sterben müssen.

Am Nachmittag brachte er seinen Freund mit, zur Beerdigung. Sie legten Nüsse, Zweige und Blumen zu dem Eichhörnchen in den Schuhkarton und eine Garnrolle, mit der es immer so gerne gespielt hatte. Dann machten sie im Garten ein Grab, stellten den Schuhkarton hinein und häuften einen Berg Erde darüber. Ein großer Stein kam auf das Grab und ein Kreuz, auf dem stand „Eichhörnchen". Zum Schluss machten sie noch einen kleinen Weg durch das Gras zum nächsten Baum, nur so zum Spaß, damit der Geist vom Eichhörnchen da hinaufklettern konnte, wenn er Lust hatte. Der Freund hatte seine Fiedel mitgebracht und fiedelte dem Eichhörnchen ein Lied zum Abschied. Oben auf dem Baum saß eine Amsel, die sang mit.

Die beiden Freunde gingen ins Haus und malten eine schöne Totenanzeige, so wie sich das gehörte.

Aber dann spielten sie noch eine Runde Kanaster, denn man konnte ja nicht den ganzen Tag nur traurig sein.

Von dem Käfig, den Essnäpfchen und dem Nest konnte Jens sich lange Zeit nicht trennen. Und lange Zeit wartete er morgens noch auf die Geräusche des Eichhörnchens. Aber sie kamen nicht mehr. Die Stille und Einsamkeit in seinem Zimmer machte ihn traurig und missmutig.

Schließlich sagte seine Mutter, dass er jetzt alles wegräumen müsse, weil das Eichhörnchen ganz bestimmt nicht mehr wiederkäme und weil er sonst immerzu mit einem Phantom lebe, statt mit richtigen Personen. „Das Eichhörnchen, wo immer es sich jetzt herumtreibt, will ja nicht, dass du immer traurig wirst, wenn du an es denkst. Es will ja, dass du so lustig bist, wie ihr es zusammen wart. Eichhörnchen leben nun mal nicht ewig. Und keinesfalls so lange wie Menschen. Aber kommt es auf die Länge an?“

„Hätte ich das Eichhörnchen nicht gefunden, dann wäre ich vielleicht heute noch glücklich. Aber wenn es nicht in mein Leben gefallen wäre, dann wüsste ich gar nicht, was Liebe ist“, sagte Jens, und Mutter fand das sehr weise. Sie freute sich, dass Jens nicht mehr glaubte, er sei Schuld am Tod des Eichhörnchens gewesen.

Jetzt sind schon ein paar Monate vergangen und Jens überlegt sich, ob er den Käfig für zwei Kanarienvögel umbauen will.

Zwei Engel in meiner Brust

Nicolas war der Jüngste in seiner Familie, ein Weihnachtskind, das alle Herzen mit seinem Lächeln eroberte. Sanft und freundlich lebte er dahin, wie schwebend. Ihm schien das Glück versprochen und gegeben. Wo andere Kinder sich anstrengen und durch Misserfolge durchkämpfen mussten, lernte und konnte er alles wie von selbst.

Aber in seinem fünften Lebensjahr wurde er krank. Bald war er so schwach, dass er nicht mehr aufstehen konnte. So lag er in der Weihnachtszeit oft zwischen seinen vier spielenden Geschwistern im Wohnzimmer.

„Ihr alle habt so lange ohne mich gelebt", sagte er eines Tages. „Jetzt will ich nicht auch noch ohne euch sterben."

Es entstand ein langer Augenblick des Schweigens.

„Wer denkt denn an so was!", rief dann seine große Schwester Maren.

„Na ich", sagte Nicolas. „In meiner Brust sind zwei Engel. Einer atmet, und einer klopft. Hoffentlich wollen sie nicht in den Himmel fliegen."

„Im Himmel gibt's genug Engel", sagte der neunjährige Max. „Da wollen ruhig ein paar auch auf der Erde bleiben."

„Wenn einer von uns zuerst stirbt, dann wartet er auf die andern an der Himmelstür", schlug Liesbeth vor.

„Man weiß aber nicht, ob das geht", sagte Maren abweisend.

Und Max sagte: „Wir fragen Papa. Erwachsene sterben nämlich zuerst."

„Kinder können aber auch sterben", fing Liesbeth wieder an. Maren betrachtete sie vorwurfsvoll. Sie fühlte sich mit ihren elf Jahren immer für alle verantwortlich.

„Wie ist Sterben eigentlich, Tobi?", fragte jetzt Nicolas.

„Geht da das Gerüst raus, das mich zusammenhält?"

Tobi hatte bis jetzt geschwiegen.

Er war der Älteste und Nicolas glaubte darum, dass er alles wisse. „Ich weiß es nicht", sagte Tobi jetzt ganz bedrückt. „Eigentlich glaube ich eher, dass es so was wie einen Lebenskörper gibt, der dann rausgeht. Und das Gerüst, das sind die Knochen. Die bleiben hier."

„Das ist dann das Gerippe", sagte Max und bekam sofort von Maren einen Tritt unterm Tisch.

„Ich darf doch auch mal was sagen!", wehrte er sich maulend.

Dann kam Mama und trug Nicolas wieder in sein Bett. Maren setzte sich zu ihm, solange Mama das Abendessen machte. Nicolas lag eine Weile ruhig da. Dann fragte er: „Wie ist eigentlich der liebe Gott?"

Maren dachte nach.

„Na, der liebe Gott ist eine Person. Er wohnt im Himmel. Er hat die Welt gemacht und sich alles ganz lange und ganz toll ausgedacht. Richtig mit viel Mühe. Darum will er nicht, dass ihm die andern jetzt alles kaputt machen, mit dem Umweltschmutz und den Atomsachen und so. Ich denk mir oft, wie furchtbar traurig der ist, dass sie ihm all das Schöne womöglich kaputt machen." Da konnte sich Maren so richtig reinfühlen.

„Kann Gott denn dagegen gar nichts tun?", fragte Nicolas.

„Ne, das glaube ich nicht. Das ist so, wie wenn ich ein schönes Bild male. Alles schön mit Wasserfarben und so. Und dann kommt einer und verschmiert und zerschnippelt alles. Ja, dann ist es eben weg."

„Glaubst du, dass Gott dann eine neue Welt machen würde?", fragte Nicolas wieder. Und Maren antwortete verärgert: „Ne, ich glaube nicht, dass er dazu noch Lust hätte."

Nicolas dachte eine Weile nach. Dann sagte er: „Ich glaube doch. Wenn ich zu ihm komme, dann sag ich's ihm jedenfalls. Dann macht er bestimmt alles wieder neu. Auch deine Bilder."

„Lass das mal jemand anders machen und bleib du lieber hier", sagte Maren und fühlte ein eigenartiges Brennen in ihren Augen.

Jetzt kam Mama mit dem Griesbrei. Nicolas aß so viel wie ein Vögelchen. Dann bekam er noch seine Tabletten. Mama zerstampfte sie immer im Mörser und vermengte sie mit Marmelade. Sonst konnte Nicolas sie nicht schlucken. Dann zündete Mama das Nachtkerzchen an und stellte es in einen Teller mit Wasser.

„Warum denn?", fragte Liesbeth, und Mama erklärte ihr, dass das Kerzchen einerseits auf Nicolas aufpassen, andererseits aber das Haus nicht anzünden sollte.

„Und auf mich soll es ja auch aufpassen", sagte Liesbeth etwas vorwurfsvoll.

Dann lagen Liesbeth und Nicolas in ihren Betten beim heimeligen Schein der kleinen Kerze und nebenan sang Mama noch ein paar Weihnachtslieder.

„Wer wird mich denn wieder gesund machen, Mama?", fragte Nicolas am nächsten Morgen. Mama musste erst ein bisschen ganz woanders hinsehen, ehe sie antworten konnte.

„Das weiß ich nicht, kleiner Däumling. Das wird wohl so sein wie bei allen Däumlingen."

„Welche Däumlinge?", fragte Nicolas.

„Na, die aus dem dicken grünen Buch", sagte Liesbeth. „Maren, hol's mal."

Maren holte das Märchenbuch und schlug es auf.

„Vorlesen ist blöd. Das macht so müde." Nicolas seufzte und drehte sich zur Wand.

Von da an las Maren jeden Tag für sich ein Däumlingsmärchen. Und dann erzählte sie es ihrem kleinen Bruder. Auch die andern hörten zu:

Immer sieht es so aus, als ob der kleine Kerl in der Welt der Großen und Starken untergeht. Aber er geht nicht unter. Er geht nur in ein anderes Königreich. Und da wird er dann König.

Noch lange, nachdem der Däumling Nicolas in ein anderes Königreich gegangen war, erzählten sich die vier Geschwister Däumlingsgeschichten. Sie wollten alle in einem Zimmer schlafen. Und wenn sie mal besonders traurig waren, dann zündete Mama ihnen ein Nachtkerzchen an und stellte es in einen Teller mit Wasser.

„Wir haben jetzt jedenfalls jemanden, der sich im Himmel auskennt", sagte Liesbeth.

Dass mir auf Erden nicht zu helfen war

Sarah setzte sich auf den großen Stein aus rotem Granit und fuhr mit dem Finger die eingravierten Buchstaben nach. Arnold Guttmann stand da. Das war der Name ihres Vaters.

Als Arnold Guttmann beerdigt wurde, war Sarah weit weg. Auf einer Afrikareise. Jetzt saß sie hier ganz allein und verstand gar nichts. Alles, was sie über den Tod des Vaters gehört hatte, verwirrte sie. Jetzt fühlte sie nur den tiefen Schmerz der Trennung und das heftige Verlangen, noch einmal mit ihrem Vater reden zu können.

Die Sonne schien warm und ließ die Buchsbaumhecken duften. Die Blumen auf den Gräbern fand Sarah unangenehm bunt, so als wollten sie den traurigen Anlass vertuschen, der sie hier auf die kleinen Grabhügel gebracht hatte. Da war es schon anders mit den dunklen Zypressen, die ernst und gerade zum Himmel zeigten. Allerdings hatten sich auch ein paar Laubbäume dazugesellt, Linden und Birken, deren Blätter hell im Sonnenlicht glänzten und sich leicht im Wind bewegten.

Sarah schaute zu ihnen hinüber. Und da sah sie ihren Vater.

Zuerst wollte sie ihren Augen nicht trauen. Aber dann kam ihr Vater auf sie zu und lächelte sie an.

„Ich denke, du bist tot?“, sagte Sarah verwirrt.

„Ach, weißt du, eigentlich bin ich ganz froh, dass ich nicht da unter dem schweren Granitblock liege“, sagte er. Sarah konnte das verstehen. Der Grabstein war wirklich viel zu pompös. Aber so war der Geschmack ihrer Mutter.

„Komm, lass uns ein bisschen unter den Bäumen wandern", sagte der Vater und nahm Sarah bei der Hand. Sie liebte diese Geste.

„Man sagt, du hast dir das Leben genommen", begann Sarah die Unterhaltung.

„Ja", sagte der Vater. „Das eine Leben habe ich mir genommen und das andere gelassen."

So hatte Sarah das noch nie betrachtet. „Und wie geht es dir jetzt?", fragte sie.

„In jenem Leben ging es mir sehr schlecht, das weißt du ja." Ein Schatten zog über sein Gesicht und Sarah wusste nicht, ob es der Schatten der Bäume oder der Seele war. „So schlecht, dass mir auf Erden nicht zu helfen war. – In diesem Leben hier geht es mir endlich gut. Es ist allerdings nicht die ewige Ruhe, wie jener Steinengel sie vermitteln soll. Es ist auch nicht die ewige Verdammnis. Es ist ein Weg des Lernens. Du weißt ja, dass ich schon immer gerne viel lernen wollte. Aber ich konnte nicht, weil meine Eltern arm waren. Und später waren da die Arbeit und die Wünsche meiner Frau und ihrer Familie. Jetzt habe ich alle Zeit der Welt. Oder auch gar keine, denn Zeit existiert hier nicht. Ich lerne viele Dinge gleichzeitig, nebeneinander und miteinander, vor- und hintereinander. Kannst du dir das vorstellen?"

So recht konnte Sarah das nicht.

„Bist du denn nicht traurig ohne mich?", fragte sie.

„Ich bin nicht ohne dich. Es gibt hier keine Zeit. Darum bin ich weder geboren noch gestorben. Ich bin einfach, so wie du auch bist."

Sarah konnte das fühlen. Ihr Vater war gar nicht neben ihr und redete auch nicht zu ihr. Sie hörte seine Stimme in sich und fühlte seine Nähe unter ihrer Haut. Sie wagte kaum, sich zu bewegen. Sie lächelte.

Jetzt kam ein Schwarm von Staren und ließ sich auf den Zweigen der Birke nieder.

„Fragst du dich nicht manchmal, wie es kommt, dass kein Vogel den andern anstößt und jeder seinen eigenen kleinen Ast findet?", fragte der Vater. „Der Vogelschwarm sieht aus wie Chaos und folgt doch einer geheimen Ordnung, die jeder Vogel kennt und in sich hat."

Sarah sah, was sie schon hundertmal gesehen hatte: Bäume, Vögel, Sonnenlicht. Aber heute schien ihr der Sinn dieser Dinge in ihrer Vielfalt und Bewegung klar zu werden.

„Gibt es noch geheimere Ordnungen als diese?", fragte sie, und der Vater bejahte es.

Sarah fühlte seine Stärke und Schwäche, seine Liebe und seine Gleichgültigkeit. Sie fühlte, dass er sein eigenes Leben hatte und dennoch auch eines mit ihr zusammen.

Und das war gut so.

Als die Glocken der kleinen Kapelle zu läuten begannen, fühlte sie die Kühle des großen Granitsteins. Die Sonne war schon untergegangen.

Sarah stand auf. „Danke!", rief sie zu den Bäumen hinüber, die jetzt im Schatten lagen.

Das gute Gefühl

Die mächtige Elbe fließt durch eine Stadt, die einmal zu den schönsten Europas zählte. Elbflorenz nannte man sie, bis sie in einer schlimmen Februarnacht im Bombenhagel starb. Ja, auch Städte können sterben. Allerdings nicht so wie Menschen. Es ist mit ihnen eher so wie mit einem Mohnblumenfeld, das der Hagel zerschlägt. Zuerst sieht es schrecklich aus, wüst und leer. Aber dann, langsam, langsam, beginnt es wieder zu grünen. Und dann, eines Tages im nächsten Jahr, blüht es wieder.

So erging es auch der armen Stadt Dresden. Nur dass es da natürlich viel, viel länger dauerte als bei einem Mohnblumenfeld, bis sie wieder blühte.

Eines Tages, und das ist jetzt noch gar nicht so lange her, stand eine Gruppe von Schülern der achten Klasse in der Dresdner Gemäldegalerie. Langsam hatte man das Gebäude wieder hergerichtet und die Bilder aus dem Keller geholt.

„Welches Bild hat euch denn am besten gefallen?“, fragte die Lehrerin.

„Das von Gaugin“, rief Claudia gleich. „Das macht so ein gutes Gefühl im Bauch.“

Die Mitschüler kicherten.

„Kannst du das begründen?“, fragte die Lehrerin, denn mit Gefühlen allein gibt sich eine Lehrerin nie zufrieden.

„Wenn man so ein Gefühl hat, dann lohnt es sich, etwas näher hinzugucken“, sagte Claudia. „Zuerst habe ich nämlich gedacht: ‚Was sind das doch für Mädchen. Die sehen ja so komisch aus.‘ Aber dann hab ich gesehen, wie heiß es auf dem Bild ist. Mir wurde auch ganz heiß und ich wäre am liebsten barfuß gegangen wie die Mädchen da. Ich dachte, das könnten auch meine Freundin und ich sein, die da sitzen, so friedlich und müde und in kühle Seidentücher gehüllt. Das hat der Paul Gaugin doch toll ausgedrückt, dass man das auch so fühlen kann, wenn man das Bild ansieht. – Und dann gefallen mir auch sehr die zwei roten Blätter da hinten auf dem grünen Grund. Es sind nur zwei Blätter, aber sie stehen für den ganzen Baum, einen tropischen Baum natürlich."

Das Gekicher war verstummt. Die Lehrerin war ebenso erstaunt wie die Mitschüler. Beim Rausgehen fragte Claudias Freundin: „Woher weißt du denn das alles?"

„Von meiner Mutter", antwortete Claudia. „So was sagt mir meine Mutter."

„Aber", sagte die Freundin zögernd, „deine Mutter ist doch schon lange tot. Und, und damals hing das Bild doch noch gar nicht wieder hier?"

Claudia lächelte, ein wenig wissend, ein wenig hilflos. Sie hatte eine ganz besondere Beziehung zu ihrer Mutter. Aber wie sollte sie das erklären?

Claudias Mutter war Malerin gewesen. Aber das war kein ausreichender Beruf in einem Arbeiter- und Bauernstaat. Darum war sie auch Lehrerin. Jede freie Minute verbrachte sie aber mit ihren drei kleinen Töchtern und mit Malen. Alles ersparte Geld gab sie für Farben und Papier aus. Claudias Vater brummte oft darüber, aber dann saß er abends doch stolz auf dem Sofa und sah seinen vier Künstlerinnen beim Malen zu.

Die Mutter erklärte das Leben, die Sehnsüchte, Wünsche und Aufgaben der Farben. Sie sprach von ihnen wie von Personen. Sie ließ zum Beispiel die Farbe Grün als Kind von Blau und Gelb geboren werden. Sie ließ Grün sich in seine Komplementärfarbe verlieben, das Rot. Und sie zeigte den Mädchen, wie sie auf einem weißen Papier rot sehen konnten, wenn sie zuvor lange genug auf einen grünen Fleck gestarrt hatten.

Im Winter malte sie mit den Kindern graue Häuser und bläulichen Schnee. All die verschiedenen Grautöne waren ja auch etwas Schönes! Keiner war wie der andere. Die Stille und Traurigkeit vermittelte sie den Mädchen und den heftigen Wunsch der grauen Häuser nach einer roten Kinderpudelmütze.

Im Sommer ging die Mutter mit den Kindern in den Rosengarten am Elbufer. Dort malten sie dann alle Blumen, die sich finden ließen. Nicht nur die Rosen, auch die Schwertlilien, Mohnblumen und Fingerhüte. Zu Hause zeigte die Mutter ihren drei kleinen Malerinnen Bilder von Leuten, die auch Schwertlilien und Mohn gemalt hatten. Vincent und Emil hatten sie geheißen. Und auch eine Gabriele war dabei.

Die Mutter zeigte den Mädchen, dass man nicht alles ganz genau malen muss, was man sieht. Manchmal genügte schon ein kleiner Teil, um das Ganze zu beschreiben. Es musste nur ein wichtiger Teil an einer wichtigen Stelle sein. Beim Fingerhut zum Beispiel, musste man nicht den ganzen Stiel von oben bis unten malen. Zwischendurch konnte man ruhig die Blütenglocken einfach so in der Luft hängen lassen. Mit ein bisschen zerlaufenem Rosa drumherum sah das sehr leicht, ja duftend aus.

Irene, der jüngsten Schwester von Claudia, fiel das schwer. Immer wieder war dann doch der ganze, dicke Stiel auf dem Bild zu sehen. Sabine, die Älteste, fand, dass Irene einfach noch zu dumm und zu klein sei, um richtig malen zu können. Aber die Mutter sagte: „Das ist die Epoche der Ausdruckskunst. Irene will sicher ausdrücken, dass der Stiel etwas ganz Festes, Stabiles ist.“ Und sie zeigte den Kindern Bilder von Ausdruckskünstlern, die man auch Expressionisten nennt. So war sie.

Dass man ohne Farben, ohne Malen und ohne Mutter leben könnte, das glaubten die drei Mädchen nicht, denn solange sie denken konnten, war das alles das Wichtigste ihres Lebens gewesen. Aber eines Tages wurde die

Mutter krank. Bald konnte sie weder zum Elbufer noch zur Schule gehen. Eine Weile war sie im Krankenhaus. Dann kam sie wieder nach Hause, aber nicht, um zu bleiben.

Zum Glück war da der Vater, der die Töchter sicher gut versorgen und trösten würde. Aber wie könnte sie, die Mutter, den Kindern den Trennungsschmerz verringern? Darüber musste die Mutter immerzu nachdenken. Und schließlich wusste sie es.

„Ich muss euch jetzt sagen, dass ich sterben werde", sagte sie zu ihren Töchtern, die um ihr Bett saßen. Die Mädchen, jetzt sechs, acht und zwölf Jahre alt, sahen sie mit großen, erschrockenen Augen an. Sie hörten die Worte, aber sie wussten nichts damit anzufangen.

„Das heißt aber nicht, dass ich euch ganz und gar verlassen werde", fuhr die Mutter fort. „Irgendwie werde ich immer zu euch kommen, auch wenn ihr mich nicht sehen und hören könnt."

„Wie sollen wir das denn dann merken?", fragte Sabine ängstlich.

„Erinnert ihr euch daran, wie wir die frisch aufgeblühten Rosen gemalt haben?", fragte die Mutter jetzt. „Was habt ihr denn da gefühlt?"

„Mir war's warm im Bauch", sagte Claudia.

„Mir auch", sagte Irene. „Ich hatte ja gerade den neuen Farbkasten bekommen."

Sabine dachte eine Weile nach. „Als ich gesehen hab', wie du das Rosa zu dem Gelb getupft hast, auf dem feuchten Papier, und wie dann daraus eine Rose geworden ist, da, da war das wie ein Morgengruß. Oder als ob du redetest und was erzähltest. Ich meine …" Sabine verstummte, aber die Mutter sagte:

„Ja, genau so wird es sein. Wenn ihr ein schönes Bild seht oder eine Blume oder den Himmel mit seinen Wolken oder den Schnee, wie er die Linien der Häuser nachzeichnet, dann werde ich da sein und jede von euch grüßen. Ihr werdet mich nicht sehen und nicht hören. Aber ihr werdet mich ganz gewiss fühlen. Das verspreche ich euch."

Es geschieht nicht oft, dass jemand, der stirbt, den anderen etwas verspricht. Meistens ist es ja eher umgekehrt. Sabine verstand es. Claudia verstand es ein bisschen. Irene schmiegte sich eng an die Mutter. Sie verstand nichts, aber sie fühlte etwas, das sich wie Weihnachten oder der Geburtstagsmorgen anfühlte; froh, feierlich und ein bisschen zum Weinen. In dieser Nacht durften alle drei bei der Mutter schlafen. Als sie am nächsten Morgen aufwachten, war die Mutter fort. Aber das Gefühl war dageblieben. Sie konnten sogar mit dem Vater darüber reden, als sie den Sarg mit Blumen schmückten.

Das, was die Mutter ihnen versprochen hatte, traf ein und wurde auch nicht anders, so viele Jahre auch vergehen mochten. Manchmal, wenn die Mädchen zum Beispiel vor einer leuchtend roten Mohnwiese standen, wurde ihnen allen ganz warm ums Herz. Dann sahen sie einander vielsagend an und lächelten. Sie allein wussten, was das zu bedeuten hatte.

Wo bleibt die Sonne, wenn sie untergeht?

Du, Frau Berger, Monis Mutter hat heute Morgen geweint." Sonja zupfte ihre Erzieherin aufgeregt am Rock.

„Und da möchtest du sicher wissen, warum", sagte Frau Berger, während sie noch die letzten kleinen Mäntel und Jacken auf die Kleiderhaken hängte.

„Ich dachte, große Leute weinen nicht", sagte Sonja.

Frau Berger nahm sie an der Hand und ging mir ihr ins Spielzimmer.

Es war alles so anders, so merkwürdig heute. Draußen war trübes Wetter und drinnen war trübe Stimmung.

Einige Kinder hatten sich schon etwas zum Spielen geholt. Aber eigentlich spielten sie gar nicht richtig. Moni spielte überhaupt nicht. Sie saß stumm auf ihrem Stühlchen.

„Wie eine Puppe", dachte Sonja. Und das beunruhigte sie sehr, denn Moni war sonst immer ein lustiges Kind. Fragend sah Sonja zu Frau Berger auf. Wenn man sich etwas nicht erklären kann, wird man ängstlich.

Frau Berger stand einen Augenblick still. Dann ging sie zu Moni und nahm sie auf den Schoß. So saßen sie eine Weile. Und dann sagte Frau Berger:

„Ich glaube, die andern Kinder möchten wissen, warum du so traurig bist."

Aber Moni schaute nur stumm vor sich hin.

„Komm, wir lassen sie lieber und spielen was." Sonja wurde ungeduldig. „Die will ja nix sagen. Sie ist zu traurig."

Frau Berger wiegte Moni ein klein wenig hin und her, so wie man weinende Babys wiegt.

„Es ist besser, ein bisschen darüber zu reden", sagte sie.

Dann kam Guido und nahm Monis Hand, ganz energisch. „Ich bin dein Freund, sag's mir. Dann helf' ich dir."

Moni sah ihren Freund an. Und sie sagte leise: „Meine Oma ist fortgegangen, für immer."

Das konnte nun niemand recht verstehen, denn die Kinder wussten, dass Moni bei ihrer Oma wohnte.

„Wohin ist sie denn gegangen? Und warum für immer?", fragten die Kinder durcheinander. Und Sonja sagte: „Das find ich aber nicht nett von ihr. Wer passt denn jetzt auf dich auf, wenn deine Mutter arbeitet?"

Moni wusste nicht, was sie darauf antworten sollte. Aber Frau Berger kam ihr zu Hilfe.

„Monis Oma ist nicht freiwillig weggegangen, Sonja. Sie war schon lange krank."

„Und jetzt ist sie … ist sie jetzt … gestorben?", fragte Guido ganz vorsichtig. Frau Berger bestätigte es.

„Auch das noch!", rief Uli. Und Frau Berger fragte erstaunt:

„Was meinst du denn damit, Uli?"

„Na weil doch gestern unsere Amsel auch grad gestorben ist."

Immer mehr Kinder hatten aufgehört zu spielen und drängten sich jetzt um Moni und ihre Erzieherin.

„Dann sind sie jetzt also beide in den Himmel geflogen und sind Engel, die Amsel und die Oma", sagte Ricardo. Es beruhigte ihn, das zu wissen.

Aber Moni fragte erstaunt: „Kann meine Oma denn fliegen, Frau Berger?"

Frau Berger setzte sich jetzt mit allen Kindern in die Kuschelecke.

„Erzähl uns was von deiner Oma", sagte sie, denn spielen wollte so recht jetzt niemand.

„Meine Oma, die, die hat mir immer Kaba gemacht … oder Tee“, fing Moni etwas stockend an. „Kräutertee mit Honig. Meine Oma hat auch so schönen Kuchen gebacken, Streuselkuchen … und sogar Brot. Ich durfte ihr immer helfen. Da hab ich manchmal vom Teig genascht. Dann, dann hat sie gesagt: ‚Naschkätzen, Naschkätzchen, pass auf auf dein Naschtätzchen.‘“

Uli lachte. „Nachkätzchen, Naschtätzchen … hat sie dich dann gehauen?“

„Nö, nicht richtig. Das war nur Spaß. Aber verschütten durfte ich nichts. Dann hat sie gesagt: ‚Verplemper nicht die gute Gottesgabe!‘

Und Geld hab ich auch nicht rumschmeißen dürfen.“

„Was hat sie denn dann gesagt?“, fragte Guido, und alle Kinder hörten neugierig zu.

„Wer den Pfennig nicht ehrt, ist des Talers nix wert!“

Jetzt konnten die Kinder schon lachen und Frau Berger fragte: „Weiß denn jemand von euch, was ein Taler ist?“

„So hieß früher mal ’ne Mark“, sagte Stephan. Das wusste er noch von dem Lied vom wandernden Taler.

„Was noch? Was hat deine Oma noch gemacht?“, fragte Sonja. Auf einmal war diese Oma ganz wichtig geworden.

„Gestrickt. Den Pulli hier“, sagte Moni, und ihre Bäckchen bekamen wieder ein wenig Farbe. „Und ich kann auch stricken. Meine Oma hat mir eine Strickliesel geschenkt und dann, dann hat sie mir gezeigt, wie man’s macht.“

„Wie? Wie hat sie dir’s gezeigt?“, wollte Sonja wissen, und Ute fragte, ob sie dazu auch so was Lustiges gesagt habe.

„Ne“, sagte Moni. „Gesagt hat sie nichts, aber gesungen. Beim Stricken muss man singen. Aber die Oma hatte eine ganz krumpelige Stimme.“ Jetzt lächelte Moni ein wenig, während sie an die vertraute Stimme ihrer Großmutter dachte.

Die anderen Kinder gaben keine Ruhe: „Was hat sie denn gesungen? Sing's doch mal."

Da sang Moni mit leiser Stimme das Lied von dem gestrickten Fädchen und dem Mädchen, viele, viele hundert Ellen lang …

Das fanden die Kinder so schön, dass sie es auch lernen wollten. Und natürlich auch das Stricklieselstricken.

„Was ist überhaupt 'ne Stickliesel?", fragte Ricardo, der sich nie auf etwas Ungewisses einlassen wollte.

„Na, das ist so ein Ding. So aus Holz. Oben strickt man, und unten kommt dann das Gestrickte raus. Also, wenn man den Faden davor legt und dann …"

„Am besten, du bringst mal deine mit", unterbrach Sonja.

Und Frau Berger meinte, dass Moni ja eine ganze Menge von ihrer Oma gelernt habe.

„Die kann selber schon 'ne Oma sein", sagte Uli, und alle lachten.

Nur Guido war ganz nachdenklich und sagte: „Die Oma von Moni ist eigentlich noch wie da."

Dann war es eine Weile still, und alle dachten über das Gehörte nach. Schließlich fragte einer:

„Aber du, Frau Berger, wo ist Monis Oma denn jetzt wirklich?"

Frau Berger antwortete nicht gleich, denn das ist nicht leicht.

„Ich denke mir eben", sagte sie dann, „das ist wohl so wie mit der Sonne. Wenn bei uns am Abend die Sonne hinter dem Wald untergeht, dann denken wir, sie sei weg. Aber in Wirklichkeit geht sie in ein anderes Land, das wir nicht kennen.

Und während bei uns hier dunkle Nacht ist, beginnt dort gerade ein neuer Morgen."

Großmutter liegt im Vogelbeerbaum

Großmutter war sehr alt und sehr krank. Bald würde sie sterben. Mutter, die Großmutters Tochter war, saß an ihrem Bett und hielt ihre fieberheiße Hand. Anna war sechs Jahre alt. Sie saß auf der Kommode und sah von dort aus den beiden Frauen zu.

„Ich habe Angst vorm Tod", sagte Großmutter leise. Das wunderte Mutter, denn Großmutter war immer eine kluge, fromme und tatkräftige Frau gewesen.

„Aber es wird sein wie nach Hause kommen." Mutter versuchte zu trösten. „Du wirst all deine Lieben wiedersehen."

„Das will ich ja grade nicht. Wer weiß, was die von mir denken", sagte Großmutter mürrisch.

Mutter fiel ein, dass es in der Familie viele Uneinigkeiten gegeben hatte, über die nie gesprochen worden war.

„Gott ist doch vor allem die Liebe", sagte Mutter. „Es kann alles nur gut werden."

Aber Großmutter war wütend. „Woher willst du das denn wissen?", fragte sie streng. „Du warst doch noch nicht tot."

Anna, da oben auf ihrer Kommode, wurde es ein bisschen unheimlich. Sie hatte gedacht, Sterbende sind immer lieb. Auch Mutter war etwas ratlos. Sie gab Großmutter erst einmal mit einem Teelöffel Tee zu trinken. Großmutter atmete schwer und unruhig. Mutter überlegte, wie sie sie beruhigen könnte.

„Es ist Sommer", sagte Mutter jetzt. „Weißt du noch, welche Blumen im Sommer bei uns vorm Haus blühten? Es waren Zinnien und Levkojen.

Und der Goldlack durftete so stark. Godezien und Reseda durften nie fehlen, die sähtest du im Frühjahr aus. Weiter hinten im Garten stand der Rittersporn. Und Eisenhut, Malven und Mohn. Und die hellen Sonnenbräute, die du so mochtest."

Da wurde Großmutter ruhig. „Erzähl weiter", flüsterte sie.

Mutter schüttelte Großmutters Kissen auf. Dann nahm sie wieder ihre kleine, heiße Hand. „Wie eine Kinderhand", dachte sie.

„Wenn du nach Hause kommst, wirst du natürlich hinterm Haus die Rosensträucher finden. Die dunklen Heckenrosen, die im Herbst so dicke Hagebutten haben. Und dann auch die hellrosa Heckenrosen, deren Blätter wie Herzchen um eine goldene Krone stehen. Wir sammelten und pressten sie fürs Poesiealbum. Dann gab es natürlich noch die Edelrosen. Gloria Dei, Prinz Heinrich, Weiße Tugend und wie sie alle hießen. Die gelben Teerosen, die so zart ihre Köpfchen hängen ließen, die sahen mir immer wie Elfen aus. Und sie hatten einen Duft wie Zitronen ..."

Großmutter war eingeschlafen und Mutter ging mit Anna in die Küche, um frischen Tee zu kochen und etwas zu essen.

„Sterben muss schwer sein", sagte Anna. Aber Mutter meinte: „Ach nein, es ist auch nicht schwerer als leben."

Das beruhigte Anna irgendwie und sie war bereit, sich jetzt in ihr Bett zum Schlafen zu legen. „Aber lass die Türen auf!"

Mutter ging zurück in Großmutters Zimmer. Großmutter war wieder aufgewacht. Mutter gab ihr Tee und erzählte weiter: „Von der Clematis kann ich noch erzählen. Sie hatte verschiedene Blütenfarben, von weiß über rosa bis dunkelviolett. Sie wuchs an der Sonnenseite des Hauses und kletterte bis zu den Fenstern im ersten Stock hoch. Und sie öffnete und schloss ihre Blüten mit Sonnenauf- und -untergang, als wollte sie uns die Zeit ansagen.

Bienen und Hummeln besuchten sie immer. Das gab ein richtiges Summkonzert.

Und dann natürlich der Jasminbusch, der zu Hause viel später blühte als hier. Denn unser Klima war viel rauher. So kam es, dass er immer an deinem Geburtstag blühte. Das weißt du doch sicher noch. Und wie hier vorm Fenster waren jetzt die Beeren der Eberesche rot. Vogelbeerbaum haben wir ihn genannt und Ketten aus den roten Beeren gefädelt."

Großmutter stöhnte und rang nach Luft. Mutter wusste bald nicht mehr, was sie erzählen sollte. Sie legte Großmutter die Hand beruhigend auf die Brust und fing an zu singen, all die alten Lieder und Balladen, die schon das Leben der Großmutter begleitet hatten.

„… Ein Reiter kam gezogen,
Hell flattert sein Haar im Wind.
Sag, bist du mir noch gewogen,
Herzallerliebstes Kind.
Und sie küssten sich beid
Zur Sommerszeit,
Wenn im Walde
Die Heckenrosen blühn …"

Etwas wie ein Lächeln huschte über Großmutters Gesicht und ihr Atem wurde ruhiger. Draußen war es nun Nacht geworden. Die Sterne gingen auf und unter und Mutter wachte lange, lange Stunden am Bett ihrer Mutter.

„Guck mal, Großmutter liegt im Vogelbeerbaum", sagte Anna plötzlich. Da merkte Mutter, dass auch sie eingeschlafen sein musste. Es war noch dunkel, aber die ersten Vögel zwitscherten. Und draußen vorm Fenster lag Großmutter im Vogelbeerbaum, sanft gewiegt vom Morgenwind. Das Bett von Großmutter spiegelte sich in der Fensterscheibe. Darum sah es so aus, als läge sie draußen im Baum. Mutter nahm Großmutters Hand. Sie war nicht mehr warm und Großmutter musste nun nicht mehr nach Luft ringen. Sie hatte für immer aufgehört zu atmen.

„Wenn du stirbst, werde ich deine Hand halten", sagte Anna und schmiegte sich eng an Mutter an.

Zusammen sahen sie, wie langsam die Sonne aufging und den Horizont vergoldete. Je heller es draußen wurde, umso mehr verblasste das Bild der Großmutter im Vogelbeerbaum, bis es schließlich ganz verschwunden war.

Die Geschichten der sieben Tiere

Na, was fehlt dir denn, Benny?", fragte der Kinderarzt den kleinen Jungen, der blass und traurig vor ihm saß.

„Weiß nicht", sagte Benny.

Der Arzt sah zu Bennys Mutter rüber, und die sagte: „Der Bub schläft mir nimmer, Herr Doktor. Könnten Sie ihm vielleicht ein Schlafmittel verschreiben?"

„So, du schläfst nicht mehr", wandte sich der Arzt wieder an Benny. „Jetzt erzähl doch mal. Schläfst du überhaupt nicht mehr?"

Benny hatte ein hohe, piepsige Stimme. „Ja, ich kann und kann nicht schlafen", klagte er.

„Überhaupt nicht? Die ganze Nacht nicht?", wollte der Arzt wissen.

„Na ja, irgendwann schläft er dann schon ein", sagte die Mutter. „Denn wenn ich dann nach Hause komme, vom Spätdienst, dann schläft er. Aber der Babysitter sagt, er weine davor so viel und wälze sich ewig im Bett rum."

„Du kannst also schwer einschlafen?" Der Arzt wandte sich wieder an Benny. Der nickte.

„Ja, ich kann gar nicht mehr einschlafen."

Jetzt wollte der Arzt wissen, wie lange das denn schon so gehe und wie es denn vorher gewesen sei. Zwei Monate gehe das schon so, erfuhr er. Seit dem Tag, an dem der Opa gestorben sei. Vorher habe Benny immer gut schlafen können.

„... weil der Opa ja abends immer da war und mir was erzählt hat. Und ohne Erzählen kann ich eben nicht einschlafen. Weil der Opa wusste ja so viel, weil der ja schon so lange gelebt hat", sagte Benny ganz lebhaft. Aber dann wurde er wieder traurig. „Und jetzt ist der Opa tot. Und keiner weiß mehr so viel."

Erst jetzt bemerkte die Mutter, dass zwischen dem Abschied vom Opa und dem Nichtschlafenkönnen ein Zusammenhang bestand.

„Kannst du dir denn vorstellen, Benny, dass deine Mutter mal eine Oma ist und du ein erwachsener Mann bist?", fragte der Arzt. Aber Benny schüttelte energisch den Kopf.

„Und kannst du dir vorstellen, dass du einmal ein Großvater sein wirst und deinem Enkelsohn Geschichten erzählst?"

Benny lachte ein bisschen. „Aber es ist doch gar kein Enkel von mir da."

„*Noch* ist keiner da, so wie dein Opa *nicht mehr* da ist. Aber mit jeder Nacht wirst du älter. Bald bist du ein großer Mann und eines schönen Abends bist du dann ein Opa, der auch viel weiß."

Benny machte ein sehr nachdenkliches Gesicht. „Ganz von allein?", fragte er dann.

„Na, so ganz von allein nicht. Etwas musst du schon dazu tun. Zum Beispiel Geschichten erzählen lernen."

Bennys Mutter wurde unruhig. Die Zeit rannte ihr davon.

„Herr Doktor, gäbe es vielleicht ein paar leichte Schlaftabletten für das Kind? Ich habe doch alle vierzehn Tage Spätdienst. Ich kann das dem Babysitter nicht zumuten. Und selbst wenn ich da bin, braucht Benny Stunden zum Einschlafen."

„Ich habe da etwas Besseres. Ich werde dem Benny sieben kleine Gummitierchen verordnen."

„Ach, gibt's die Tabletten jetzt schon in Tierchenform?", fragte die Mutter. Der Arzt hatte sich schon wieder dem Jungen zugewandt.

„Schau mal, da drüben ist ein Kasten. Da kannst du dir sieben Gummitierchen raussuchen. – Ja, geh nur, da, auf dem Tisch. Das wird schon recht, auch ohne Tabletten. Warten Sie's nur ab."

Der Arzt gab der Mutter beruhigende Erklärungen, während Benny sich sieben Tierchen raussuchte: einen Elch, einen Löwen, eine Maus, einen Affen, einen Igel, einen Raben und einen Hasen.

„Weißt du, diese Tiere können auch nicht schlafen. Das kommt, weil ihnen niemand was erzählt. Nimm also immer eins von den Tieren mit in deiner Tasche. Und abends im Bett erzählst du dann den andern, was ihr beide erlebt habt, ja? – Wenn alle Tiere dran waren, dann kannst du mich wieder besuchen."

„In einer Woche, also, denn die Woche hat ja sieben Nächte", sagte Benny und zählte noch einmal seine Tiere.

Am nächsten Tag ging Benny raus spielen. Im Nachbarhof hackte der brummige Herr Pauli aus Ostpreußen sein Brennholz. Sonst war niemand zu sehen. Benny ging also zu ihm und sagte:

„Du, Herr Pauli, kennst du Elche?"

Er musste es zweimal sagen, ehe Herr Pauli ihn verstand.

„Natürlich kenne ich Elche. Aber hier gibt's ja keine."

„Wo gibt's denn welche?"

„Na, in Ostpreußen und in Kanada und noch an ein paar Stellen."

„Sind die groß?"

„Aber ja. 400 Kilo kann ein Elch wiegen. Sein Geweih allein wiegt schon 20 Kilo."

„Was frisst er denn, dass er so schwer wird. Frisst er Fleisch?"

„I bewahre", sagte Herr Pauli und berichtete, dass Elche Blätter und Moos fressen. Darum wohnten sie ja auch in Laubwäldern und Torfmooren. Am liebsten fräßen sie Birkenblätter, sagte er. Dann auch Eschen- und Erlenblätter und natürlich Pappelblätter; die würden sie mit ihren großen, starken Oberlippen abreißen.

„Der hat doch so eine mächtige Oberlippe, weißt du?", sagte Herr Pauli.

„Ja, so eine wie du, gell?", sagte Benny.

Da musste der brummige Herr Pauli lachen. „Weißt du denn überhaupt, wie ein Elch aussieht?"

Benny zeigte ihm seinen kleinen Gummielch, den er heute in der Hosentasche mitgenommen hatte.

„Hoch, ist der niedlich", sagte Herr Pauli, der schon lange nicht mehr Holz hackte. „Weißt du, wie man einen Elch nennt, wenn er klein ist?"

„Vielleicht Elchle", schlug Benny vor.

Aber Herr Pauli erklärte ihm, dass der Elch zuerst Kalb heiße, im zweiten und dritten Jahr Spießer, im vierten Gabler und ab dem fünften Jahr Schaufler. Erst geringer Schaufler, dann guter Schaufler und schließlich kapitaler Schaufler, denn dann habe er ein riesiges Schaufelgeweih. „Aber das wirst du dir nicht alles merken können."

Benny konnte jedoch alle Namen wie am Schnürchen aufsagen.

„Gut gemacht, Junge. Aus dir wird mal ein Forstmeister."

„Ne, ein Geschichtenerzähler", sagte Benny.

„Ein Geschichtenerzähler? Ne, ne, damit ist kein Brot zu verdienen." Herr Pauli schien fast ein bisschen enttäuscht. Aber Benny bedankte sich höflich für die schöne Elchstunde und lief nach Hause. Am Abend im Bett breitete er seine sieben Tier aus und erzählte ihnen alles, haarklein. Er wusste am andern Morgen nicht, ob er oder der Elch zuerst eingeschlafen war. Jedenfalls verlangte er Salat oder Moos zum Frühstück, um einige Kilo zuzulegen. Die Mutter wunderte sich darüber. Und noch mehr wunderte sie sich, dass der brummige Herr Pauli so viel mit Benny gesprochen hatte.

Als Nächstes erzählten Löwe und Maus eine Geschichte gemeinsam. Benny hatte sie von seiner Mutter. Mutter konnte zwar keine Geschichten erzählen, aber diese kannte sie noch aus ihrer Schulzeit und erzählte sie

Benny etwas durcheinander in der Straßenbahn. Als Benny und der Löwe sie am Abend im Bett den andern weitergaben, klang es ungefähr so:

„Es war einmal ein dicker Löwe, der lag in der Sonne und schlief. Da fiel eine unvorsichtige Maus von der Mauer, wo doch ihre Mutter ihr verboten hatte, zu klettern. Sie fiel dem Löwen direkt zwischen die Tatzen, und da wachte der auf. Die Maus hatte natürlich große Angst und piepste: ‚Bitte, bitte tu mir nichts; ich will dir auch mal helfen, wenn du in Not bist.‘ Na, da musste der Löwe aber lachen. Trotzdem war er ein gutmütiger Löwe und ließ die Maus hopsen. Er wäre sowieso nicht von ihr satt geworden. Aber später ging der Löwe einmal spazieren, passte nicht auf und fing sich in einem großen Netz. Ach, da hat der Löwe aber geweint und gebrüllt und getobt. Aber es nutzte alles nichts Das Netz war zu fest. Der Löwe wollte schon verzweifeln, da kam die kleine Maus angetrippelt. Und mit ihren geübten Nagezähnchen zernagte sie das Netz. Da war der Löwe frei und bereute, die Maus mal ausgelacht zu haben. Aber sie blieben immer Freunde, bis heute.“

Am nächsten Morgen wusste Benny gar nicht mehr, bis wohin er die Geschichte erzählt hatte. Er fragte den Löwen. Aber der wusste es auch nicht. Diesmal nahm Benny den Hasen mit und ihr werdet sicher wissen, dass dessen Geschichte auch etwas mit dem Igel zu tun hatte.

Nach sieben Tagen ging Benny wieder mit seiner Mutter zum Kinderarzt. Nicht, weil er nicht schlafen konnte, sondern nur, weil er noch einmal sieben andere Tiere haben wollte, um neue Geschichten zu erfahren und zu erzählen.

Ihr werdet's kaum glauben, aber als Benny mir diese Geschichten erzählte, da war er doch tatsächlich selbst schon Großvater geworden.

Das Schiff des Lebens

Es blutet, es blutet, aua, aua, aua!“, schreit Andy. „Pscht“, macht seine große Schwester. „Nicht so laut. Das ist doch nicht so schlimm.“

„Ist es wohl! Es brennt!“

Andy zeigt Katrin seinen Finger.

„Unsinn“, sagt Katrin und will ihn beruhigen. Aber er will sich nicht beruhigen lassen.

„Der Doktor ist doch da“, ruft er laut.

Und da kommt auch schon die Mutter mit dem Doktor aus dem Nebenzimmer herein. Die Mutter sieht verweint aus. „Was machst du denn für Sachen.“

„Es ist gar nicht schlimm, Mutter. Man sieht fast nichts.“

Katrin versucht, wie schon so oft, ihren kleinen Bruder von der Mutter fern zu halten. Ängstlich schaut sie auf.

„Es ist wohl schlimm!“, sagt Andy laut. Und dann wird er auf einmal ganz klein und jämmerlich.

„Bald wird es furchtbar bluten. Und dann komme ich auch in den Himmel, wie der Martin.“

Einen Moment sind alle stumm vor Bestürzung.

„Aber Andy! Was redest du denn da?“, sagt die Mutter.

Der Doktor holt seine Arzttasche und nimmt Salbe und ein Verbandspäckchen raus.

„Jetzt kümmern wir uns mal um deinen kleinen Finger und packen ihn schön weich und warm ein“, sagt er.

Still hält Andy seinen Finger hin. „Tut sterben weh?“, fragt er.

„Sterben tut nicht weh. Nur wenn man eine Verletzung hat oder manche Krankheiten, die tun weh", sagt der Doktor.

„Tut es dem Martin weh?"

„Darüber wollen wir jetzt nicht reden, Andy", sagt die Mutter schnell. „Der Martin, der … muss doch vielleicht gar nicht sterben. Da redet man doch nicht drüber."

„Du redest aber immerzu darüber, Mutter. Und über uns redest du nie mehr. Immer, immer müssen wir leise sein und abwarten!"

Die Mutter weint und Katrin sieht hilflos von einem zum andern.

„Tut dir dein Herz weh, Mutter?", fragt Andy nach einer Weile. „Dann müssen wir dir auch einen Verband machen."

„Ich weiß nicht, wie ich es euch sagen soll …" Die Mutter nimmt ihre Kinder in die Arme. „Mein Kopf tut mir so weh …"

Der Doktor findet, dass die Mutter sich hinlegen solle. „Ich bleibe noch ein bisschen bei ihren Kindern", sagt er.

Katrin bringt die Mutter ins Schlafzimmer.

„Du, Herr Doktor, du hast vorhin nicht geantwortet", sagt Andy.

Da setzt sich der Doktor mit den beiden Kinder in die Sofaecke.

„Ich habe es gerade eurer Mutter gesagt", beginnt er. „Es ist nun schon so, dass euer Bruder Martin nicht mehr lange leben wird. Er hat zu viele weiße Blutkörperchen. Aber er hat jetzt keine Schmerzen. Er liegt im Krankenhaus in einem kleinen, ganz sauberen Zimmer, das man ‚sterile Einheit' nennt. Da muss alles ganz, ganz sauber und ohne Staub sein, weil sein Körper sich nicht mehr gegen Ansteckung wehren kann. Darum könnt ihr jetzt auch nicht mehr mit ihm spielen."

Katrin denkt darüber nach, wie wenig sie von Martins Krankheit weiß. Und Andy fragt: „Kannst du denn mit ihm spielen?"

„Wenn ich komme“, sagt der Doktor. „Dann hat Martin meistens ein Bild gemalt. Das zeigt er mir dann.“

„Mutter hat eine ganze Mappe von Martins Bildern“, sagt Katrin. Und leise fügt sie hinzu: „Von uns hat sie keine.“

„Weil wir ja auch nicht sterben“, sagt Andy. „Aber jetzt kann ich ja eh nicht malen, mit dem Verband.“

„Katrin, ich hab' eine Bitte“, sagt der Doktor. „Kannst du übermorgen mit Andy zu mir in die Sprechstunde kommen? Dann sehe ich nach seinem Finger. Und könntet ihr mir dann ein Bild mitbringen? Malt etwas, das euch für Martin einfällt. Und ich bringe euch ein Bild von Martin.“

Der Doktor nimmt seine Tasche und geht zurück ins Krankenhaus. Er denkt daran, wie schwer es für eine Mutter ist, allen ihren Kindern gerecht zu werden. Manchmal muss eins oder das andere zurückstehen. Vor dem Krankenhaus blüht gerade der Goldregen. Der Doktor bleibt einen Augenblick stehen und atmet den Duft ein, ehe er wieder zu den kranken Kindern geht.

Dann sitzt er an Martins Bett.

„Mein Bild sollst du anschaun“, sagt Martin und schiebt ihm sein neuestes Werk zu. „Und nun erzähle.“

„Ich sehe hier ein Schiff mit einem riesengroßen Segel“, sagt der Doktor. „Und das Segel hat neun rote Streifen. Aber es hätten noch mehr Streifen Platz.“

„Weiter“, sagt Martin und zupft den Doktor am Ärmel.

„Da sehe ich zehn prächtige Wikinger auf dem Schiff, mit Helmen und Schwertern. Aber nur neun haben einen Schild. Der zehnte hat keinen.“

„Ich bin vorige Woche neun geworden“, sagt Martin. Und irgendwie fühlt er, dass der Doktor ihn versteht.

„Die Wellen sind leuchtend blau“, fährt der fort, „obwohl keine Sonne scheint. Und das Weiße, Wirbelige da, ist das der Wind? Hat der weiße Wind dem Wikinger seinen Schutzschild weggeblasen?"

Martin nickt stumm.

„So ein schönes, großes Schiff, mit einem Stierkopf am Bug. Wer weiß, wohin es fährt."

Jetzt muss Martin lachen. „Na, der da", sagt er und zeigt auf den Mann im Mastkorb.

„Ach ja, da ist ja noch einer. Im Mastkorb sitzt er und schaut mit seinem Fernglas in die Ferne. Und du meinst, er sieht, wo das Schiff hinfährt? Na klar, irgendwas erkennt er, denn aus seinem Kopf kommen sieben Strahlen heraus. Er sieht was und er denkt sich was. Wer das wohl ist?"

Wieder muss Martin lachen. Ein fast lautloses Lachen. „Das bist doch du. Du siehst doch in die Ferne."

Und nach einer Weile fügt er leise hinzu: „Ich weiß, dass du es weißt." Und dann noch leiser: „Gefällt dir mein Schiff?"

„Ja sehr!", sagt der Doktor. „Ich nehme es für deine Geschwister und deine Mutter mit, ja?"

Am übernächsten Tag kommen Andy und Katrin zum Doktor in die Sprechstunde.

„Ich hab ihm ein neues Pflaster draufgemacht", sagt Katrin.

„Dafür hab ich ihr einen mehr gegeben", sagt Andy.

Der Doktor weiß nicht so recht, worum es geht.

„Na einen mehr von den Bonbons."

„Mutter bringt uns jetzt nämlich auch immer etwas mit, wenn sie für Martin was kauft", erzählt Katrin.

„Dein Finger sieht gut aus. Er ist wieder geheilt. Meinst du nicht auch, Andy?", fragt der Doktor.

Andy brummelt vor sich hin.

„Man könnte ja für alle Fälle noch ein Schutzpflaster draufmachen."

Katrin zeigt dem Doktor ihre Schachtel mit lauter kleinen bunten Pflastern. Da sieht der Doktor ein, dass die Pflasterzeit noch nicht vorbei sein kann.

„Hast du uns ein Bild von Martin mitgebracht?", fragt Andy.

Der Doktor zeigt ihnen das Bild. „Das ist das Schiff des Lebens", sagt er und erzählt ihnen die Geschichte.

„Wir haben auch ein Schiff gemalt. Das ist ja komisch", sagt Katrin und merkt dabei, dass sie es zu Hause liegen gelassen hat.

„Macht nichts", sagt der Doktor. „Dann erzählt ihr mir jetzt, was drauf war."

„Ein Schiff fährt über den Fluss ans andere Ufer", beginnt Andy. „Der Martin steht auf dem Schiff. Er sieht aus wie Asterix, weil er den doch so mag. Katrin hat ihn von hinten gemalt, denn er fährt ja weg."

„Und von hinten geht's auch leichter zu malen", sagt Katrin. „Wir sind auch drauf. Wir stehen auf dieser Seite und schicken das Schiff auf seinen Weg, denn wir fahren ja nicht mit zum anderen Land, nicht wahr? Schön blau ist der Fluss und dann noch so Bäume dran. Kannst du's dir vorstellen?"

Der Doktor kann sich das gut vorstellen.

„Das Bild wird dem Martin gefallen", sagt er.

„Wenn der Martin, … wenn der jetzt vielleicht stirbt, ist er dann immer, immer weg?", fragt Andy.

„Er ist dann nicht mehr hier bei uns auf der Erde. Wir müssen dann ohne ihn leben. Und das wird anfangs nicht leicht sein, besonders für eure Mutter", sagt der Doktor. „Aber er ist nicht aus der Welt. Mir gefällt euer Bild sehr gut, von dem Schiff, das ans andere Ufer fährt. Das gleiche Schiff, das der Martin auf dem blauen Meer gemalt hat. Seid ihr denn mal mit einem Schiff gefahren?"

„Als wir noch alle zusammen waren, da sind wir mal mit dem Schiff nach Schweden gefahren. Das war ganz toll“, sagt Katrin.

„Wie lange seid ihr denn da gefahren?“

Das wissen die Kinder nicht mehr.

„So ist es immer. Wenn man mit einem schönen Schiff fährt, dann zählt man nicht die Stunden, sondern lebt im großen Augenblick. Man erinnert sich auch nicht an die Zeit, sondern an die Schönheit. So ist das Leben.“

„Du, auf dem Schiff gab es zu essen, so viel man wollte“, sagt Andy etwas unvermittelt. „Obst, Hühnchen und alles.“

„Aber ich konnte nicht so viel essen wie die andern. Mir war nämlich schlecht.“ Katrin scheint das heute noch Leid zu tun.

„Aber Martin und ich haben die Möwen gefüttert. Weißt du, wie Möwen schreien? So irrr, irrr. Ganz weit sind sie mit dem Schiff geflogen. Ganz weit ...“

Als die Kinder nach Hause gehen, scheint ihnen die Welt nicht mehr ganz so unverständlich. Und die Mutter ist froh, dass es jemanden gibt, der sich nicht nur um den Körper, sondern auch um die Seele ihrer Kinder kümmert. Später schreibt sie zu den Bildern der Kinder:

Segel
rote Segel
fliegen wie ein Pfeil
im Wind
und das Schiff
das trägt mein Bübchen
trägt mein Kind

Vögel
weiße Vögel
wiegen sich
im wilden Wind
schreien Ankunft
winken Abschied
schluchzen wie ein Kind

Segel
rote Segel.

Den Himmel unter den Füßen spüren

Laura hatte Angst. Nicht vor allem und nicht immer. Sie hatte einfach nur Angst zu fallen. Darum stieg sie auf keinen Stuhl, keinen Baum und keinen Berg. Sie fuhr nicht mit dem Roller oder dem Fahrrad. Sie ging an keinem Graben entlang und auf keine Treppe ohne Geländer. Sie fuhr auch nicht mit dem Ruderboot auf dem Meer, selbst dann nicht, wenn es ganz windstill war. Ja, sogar abends im Bett hatte sie oft Angst, denn sie fürchtete sich, beim Einschlafen in die dunkle Tiefe zu fallen. Mama hielt oft ihre Hand, aber sie konnte ja nicht immer und überall dabei sein. Beide Eltern machten sich Gedanken und Sorgen, woher das wohl komme und wohin es wohl führen solle, denn diese Angst ließ für Lauras Leben nur einen schmalen, engen Pfad.

Am liebsten saß Laura auf dem kleinen Bänkchen vor dem Haus, den Rücken fest an die Hauswand und die Füße fest auf den Boden gestemmt.

Eines Tages kam die große Laura zu Besuch. Das war Mamas Schwester. Sie setzte sich mit auf die kleine Bank, und nachdem sie so dieses und jenes geplaudert hatten, fragte sie:

„Bist du eigentlich schon mal gefallen?“

„Nein“, sagte Laura.

„Wenn du fallen würdest, wo würdest du denn da hinfallen?“

Das wusste die kleine Laura gar nicht.

„Wenn man fällt und weiß nicht wohin, das ist blöd“, sagte die große Laura. „Aber ich weiß, wohin man fällt.“

Die kleine Laura schaute erstaunt.

Am nächsten Tag gingen sie beide ans Meer. Es war schon später Nachmittag und der Abendmond stand silbrig über den Hügeln. Sie schauten zu ihm hinauf.

„Dass der nicht runterfällt!“, sagte die kleine Laura.

„Unsere Welt ist nicht oben oder unten. Und der Himmel ist auch nicht oben oder unten. Er ist überall und hält die Erdkugel, den Mond und die Sterne wie Wickelkinder im Arm, immer und ewig.“

Das mochte die kleine Laura nicht so recht glauben, obwohl es sich schön anhörte.

„Man kann das sogar fühlen“, fuhr die große Laura fort. „Ich zeig's dir. Du brauchst dich dazu nur auf den Rücken zu legen. Aber im Wasser, meine ich.“

Mittlerweile hatte die große Laura schon so viele schöne Dinge erzählt, dass die kleine sich traute, mit ihr ins Wasser zu gehen. Das Meer lag ruhig und schillernd da, wie ein Seidentuch.

„Du musst ein hohles Kreuz machen und den Kopf auch ins Wasser tun. Ich halte meine Hände unter dich. Aber du wirst bald merken, dass es der Himmel ist, der dich trägt“, sagte jetzt die große Laura und stellte sich neben die kleine.

Laura legte sich auf den Rücken ins Wasser und tauchte auch den Hinterkopf ein. Das fühlte sich kühl an und kribbelte in ihren Haaren. Sie machte alles vorsichtig, ängstlich und langsam. Aber sie machte es, denn sie dachte: ‚Die große Laura ist auch mal klein gewesen und hat das alles nicht gekonnt. Aber jetzt kann sie es. Also kann ich es auch lernen.‘ Und das stimmte.

Während Laura so in den Abendhimmel schaute, vergaß sie alles andere. Und auf einmal merkte sie, dass sie getragen wurde. Zuerst meinte sie, das sei die große Laura. Aber dann merkte sie, dass es das Meer war. Vielleicht aber auch der Himmel. Denn jetzt schaute Laura rückwärts über ihre Stirn. Da stand der Silbermond. Und über seiner Sichel waren die Hügel zu sehen, also oben. Der Himmel aber befand sich zu Lauras Füßen. Und zwischen alledem schwebte sie selbst wie ein Astronaut im Weltraum, schwerelos.

Lange schwebte sie so und war glücklich, so richtig glücklich. Dann fühlte sie eine sanfte Berührung am Rücken und die große Laura nahm sie in die Arme. „Na, weißt du jetzt, was ich gemeint habe?"

Die kleine Laura nickte stumm. Ihr Gefühl hatte etwas gelernt, das sie nie wieder vergessen würde. „Glaubst du, Oma und Opa haben das auch gewusst?", fragte sie dann unvermittelt. Und da war zu merken, dass sie die ganze, lange, angstvolle Zeit an den Flugzeugabsturz ihrer Großeltern gedacht hatte.

„Ich habe das Rückenschwimmen und das Mondgucken ja von Opa gelernt", sagte dann die große Laura. „Und Opa sagte immer: ‚Die Leute nennen das still im Wasser auf dem Rücken liegen *toter Mann.* Aber ich nenne es: ‚Den Himmel unter den Füßen spüren!'"

Ein sonniger Platz unterm Baum

Herr und Frau Birzele wohnten in einem kleinen Haus mit gemütlichem Garten und Blick auf den Neckar. Sie wohnten schon ziemlich lange da und jetzt waren sie alt. Ihre Kinder, die Beate Birzele und der Bernhard Birzele, waren schon erwachsen und in die weite Welt hinausgezogen. Nur die Katze Blausi war bei ihnen geblieben. Ein liebes Tier, das früher fleißig Mäuse gefangen hatte. Und keinen bunten Hund hätte sie je zu den Birzeleskindern in den Garten gelassen!

Blausi war ein Familienmitglied. Aber jetzt war die Katze auch schon sehr alt, zwanzig Jahre, glaube ich. Sie war halb erblindet, fing keine Mäuse mehr und alle Hunde waren ihr egal, mochten sie bellen und Grimassen schneiden, wie sie wollten.

Am liebsten lag Blausi hinten im Garten. Dort schien die Nachmittagssonne auf ein moosiges Plätzchen. Eine Birke ließ ab und zu ein Blatt fallen. Die Vögel zwitscherten und erinnerten Blausi an ihre Jugendsünden, als sie noch geschickt und schnell von Baum zu Baum gesprungen war.

Wenn jetzt eine Hummel zu nahe an ihrem Ohr summte, dann hob Blausi wohl noch ihre Tatze wie zum Schlag, ließ sie dann aber gleich wieder sinken und döste weiter. Regelmäßig ging sie zu den Mahlzeiten ins Haus. Dann goss Frau Birzele ihr Milch ein und Herr Birzele schnitt ihr das Fleisch klein. „Du musst ordentlich essen“, ermahnte er sie, denn in letzter Zeit aß sie immer weniger und vergaß sogar manchmal, überhaupt zum Essen zu kommen. Sie magerte schrecklich ab.

„Die Blausi ist ja auch wirklich alt“, sagte Herr Birzele eines Tages zu seiner Frau. „Jetzt geh nur mit ihr zum Tierarzt.“

Nachdem seine Frau gegangen war, nahm Herr Birzele einen Spaten und hob an Blausis Lieblingsplatz unter der Birke ein kleines Grab für sie aus. Er weinte ein bisschen dabei, denn er glaubte fest, dass der Tierarzt die uralte Katze einschläfern würde. Und er hatte sich doch so an sie gewöhnt!

Die Frau kam aber mit der lebenden Katze zurück. „Eine alte Katze muss nicht immer so viel fressen, hat der Doktor gesagt", berichtete sie. „Und unsere Blausi würde noch so munter aus der Wäsche gucken. Die lebt uns noch ein Weilchen."

Blausi war unterdessen zu ihrem Lieblingsplatz im Garten geschlichen. Jetzt stand sie da und starrte ganz verblüfft in das kleine Grab. Nach einer Weile stieg sie hinein und machte es sich in der warmen Kuhle gemütlich. Frau Birzele legte ihr noch ein Kissen dazu und so verbrachte Blausi die letzten Wochen ihres Lebens meistens schon mal in ihrem kleinen Grab, das sie richtig lieb gewann.

Als sie dann wirklich starb, war es für alle Beteiligten ein sanftes Ereignis. Niemand sträubte sich dagegen. „Ja, jetzt schau nur", sagte der alte Herr Birzele zu seiner Frau. „Was man von einem Kätzchen noch lernen kann."

Reden kann ich noch mit ihr

Max saß und malte ein Bild: in die Mitte zwei große, gelbe Punkte, dann blau und viel rot, und außen herum alles schwarz.

„Was malst du denn da?“, fragte Britta.

„Den Unfall“, sagte Max.

Aber Britta konnte da kein Auto erkennen.

Zwei Wochen vorher war Max mit seinen Eltern und der Oma nach Hause gefahren. Es wurde schon dunkel und plötzlich waren da zwei grelle Scheinwerfer direkt vor ihnen. Es krachte furchtbar und dann sah Max seine Oma draußen auf der Straße liegen und viel Blut fließen.

Vater und Mutter waren auch verletzt. Viele Menschen hielten an, um zu helfen.

Max saß lange allein im Auto und verstand nichts.

Jemand beugte sich über die Oma und fragte: „Ist sie tot?“

Der Tod fließt, dachte Max.

Endlich kam auch zu ihm jemand, hob ihn aus dem Auto und brachte ihn in ein Kinderheim. Max war froh, dass da alles so bekannt aussah. Das Gitterbett war fast wie seins zu Hause. Die Bettwäsche hatte auch lustige Mondmännchen. Kuscheltiere gab es auch. Es gab Essen und Trinken, eine Badeente, Spielsachen, freundliche Erwachsene und viele andere Kinder, mit denen er spielen konnte.

Nur Krach konnte Max nicht ertragen. Wenn eine Tür zufiel, kroch er unters Bett.

Während die anderen Kinder spielten, saß Max still auf der Gartenbank.

„Was machst du denn da?“, fragte Britta.

„Ich warte", sagte Max. Britta setzte sich neben ihn und sie warteten ein Weilchen zusammen.

Eines Tages kamen die Eltern von Max, um ihn wieder abzuholen. Sie brachten Spielzeug und Süßigkeiten mit.

Max freute sich, aber er konnte nicht richtig aufpassen. Immer schaute er zur Tür.

Schließlich sagte seine Mutter: „Du, Max, weißt du, deine Oma kommt nicht mehr. Sie ist tot."

Max weinte nicht. Er ging in den Garten hinaus und setzte sich auf seine Bank. Da saß seine Oma plötzlich neben ihm.

„Ich denke, du bist tot", sagte Max.

„Du weißt ja: Der Tod fließt – von einem Leben ins andere", sagte die Oma.

„Hast mir eine Lakritz?", fragte Max wie gewöhnlich.

„Nein, eine Lakritz hab ich nicht. Und ich kann dir auch keinen Grießbrei mehr kochen. Aber reden kann ich mit dir. Immer, wenn du so still auf der Bank sitzt oder in deinem Bett liegst, kannst du mit mir reden."

Das sagte die Oma mit ihrer lieben, alten Stimme.

Max wollte sie umarmen. Aber da war sie fort.

„Wartest du wieder?", fragte Britta und setzte sich neben ihn.

„Nein, jetzt warte ich nicht mehr", antwortete Max.

Dann fuhr er mit seinen Eltern nach Hause. Zum Glück war heller Tag. Da hatte Max nicht ganz so viel Angst. Als sie zu Hause in die Wohnung kamen, freute er sich, denn da war alles wieder wie früher.

Aber doch nicht ganz.

Und auf einmal fing Max an zu weinen und weinte und weinte. All die Zeit hatte er nicht geweint, aber jetzt weinte er und konnte gar nicht mehr aufhören.

„Ja, was ist denn nur?", fragte der Vater.

Max schluchzte. „Die Oma kann mir nie mehr Grießbrei kochen." Der Vater dachte nach.

„Ich war Omas Kind", sagte er dann. „Ich weiß, wie sie den Grießbrei gekocht hat. Soll ich dir einen machen?"

Die Mutter nahm Max auf den Schoß und er heulte ihre ganze Bluse voll. Dann kam der Vater mit dem warmen Grießbrei und – der schmeckte tatsächlich genau wie Omas.

„Reden kann ich noch mit ihr", sagte Max nachdenklich zwischen zwei Löffeln Grießbrei. „Ihr auch?"

„Ja, wir auch", sagten Vater und Mutter und hatten ihr Kind sehr lieb.

Geschichten über Trennungen und Neuanfänge

Die kleine Rose

Na, das war ja heute Nacht ein Sturm!“, sagte Frau Buchfink und sah zum Fenster hinaus. „Der wird ja ganz schön was angerichtet haben.“

Nein, Frau Buchfink war kein Vogel. Sie hieß nur so. Sie war Erzieherin in einem Kinderheim. Jetzt frühstückte sie gerade mit den Kindern und da war es kein bisschen leise. Niemandem außer Frau Buchfink wäre es aufgefallen, dass da auch ein Mädchen saß, das überhaupt nichts sagte, nicht lachte und nicht weinte.

Das war die kleine Rosalia, die nun schon drei Wochen hier war und sich also eigentlich eingelebt haben müsste.

Mit „eingelebt“ meine ich, dass sie wie die anderen Kinder im Kinderheim lachte und lebte. Aber sie schien eher leblos. Sie tat nichts und sagte nichts, so, als ob sie eigentlich gar nicht da wäre.

„Rosalia“, sagte Frau Buchfink jetzt. „Ich will mal im Garten nach meinen Rosen schau’n. Willst du mich begleiten?“

Rosalia zuckte nur mit den Schultern. Da nahm Frau Buchfink sie einfach an der Hand und ging mit ihr in den Garten.

„Ach, du liebe Zeit. Sieh dir den Rosenbusch an! Ganz auseinander gebrochen!“ Frau Buchfink und Rosalia betrachteten das Unglück. Ein Teil des Rosenstrauches stand noch da. Aber der andere war abgebrochen und lag ein ganzes Stück weiter weg. Rosalia bückte sich und hob eine kleine rosa Rose auf. Der Sturm hatte sie mitsamt ihrem kleinen Ast abgerissen und einfach zu Boden geschleudert. Rosalia betrachtete sie mitleidig.

„Vor dem Unwetter war der Rosenstock rund. Und in der Mitte blühte die kleine Rose“, sagte Frau Buchfink. „Sie hatte alles, was man zum Leben braucht: Licht, Luft und Nahrung aus den Wurzeln. Die Zweige rundherum gaben ihr Sicherheit und schützten sie vor zu viel Wind und Sonne. Darum konnte die kleine Rose eine Knospe machen, dann eine Blüte, dann eine Hagebutte. Dann schlief sie im Winter ein Weilchen. Und dann fing sie wieder von neuem an, eine Knospe zu machen.“

„Aber dann kam der furchtbare Sturm“, sagte Rosalia. Sie sah blass aus.

„Ja, der riss die Vaterseite weg. Da war nur noch die Mutterseite mit der kleinen Rose drauf da.“

„Dann wurde auch noch die kleine Rose abgerissen.“ Rosalia betrachtete weinend die Blüte in ihrer Hand.

„Die Rose denkt jetzt, sie ist niemand mehr“, sagte sie dann ganz leise. Aber Frau Buchfink hatte es doch gehört.

„Da müssen wir jetzt was für sie tun“, sagte sie tatkräftig. „Sie braucht ja wieder Wurzeln, die Kleine.“

Rosalia sah erstaunt auf. „Ist denn das möglich?“, fragte sie.

„Das wollen wir hoffen und glauben“, sagte Frau Buchfink und ging mit Rosalia wieder ins Haus. Dort holte sie ein Glas, füllte es mit lauwarmem Wasser und stellte den Rosenzweig hinein.

„Und was denn jetzt?“, fragte Rosalia.

„Jetzt musst du ein paar Tage Geduld haben. Dann wirst du schon sehen", antwortete Frau Buchfink geheimnisvoll und stellte das Glas auf Rosalias Nachttisch.

Einige Tage geschah nichts. Aber dann, als Rosalia schon ungeduldig und ärgerlich werden wollte, da streckte die kleine Rose doch tatsächlich winzige weiße Würzelchen ins Glas. Rosalia zeigte es allen Kindern, und alle staunten. Sie staunten auch, weil Rosalia jetzt mit ihnen redete.

Es dauerte noch eine Weile, bis die Würzelchen groß genug waren, und Frau Buchfink sagte: „Jetzt können wir das Röschen in einen Topf pflanzen." Sie holte einen großen Blumentopf und Rosalia malte ihn bunt an.

„Das ist jetzt das Kinderheim von der Rose", sagte Rosalia und klopfte vorsichtig die gute Gartenerde um die kleinen Wurzeln fest.

Dann fragte sie: „Muss die Rose jetzt immer da in dem Topf bleiben?"

„Aber nein", sagte Frau Buchfink und nahm Rosalia auf den Schoß. „Allerdings braucht die kleine Rose jetzt eine ganze Weile, um zu wachsen. Aber dann kann man sie in den Garten pflanzen. Dann wird sie nämlich selbst ein großer Rosenstrauch."

„Da wird sie sich aber freuen!", sagte Rosalia.

Als sie abends im Bett lag, den wurzelnden Rosenzweig im buntbemalten Topf neben sich, da dachte sie froh:

‚Einmal werde ich auch ganz von selbst eine große Frau werden.'

Die Seifenblasengeschichte

Till wohnte mit seinem Vater und seiner Mutter in Marbach. Eines Tages sagte der Vater, er werde jetzt nach Neuseeland ziehen, um da etwas zu bauen. Er war nämlich Bauingenieur. Neuseeland liegt genau auf der anderen Seite der Erde. Der Vater zeigte es ihm auf dem Globus. Till fand das alles sehr merkwürdig. Aber weil seine Mutter so ein komisches Gesicht machte, wagte er nicht weiter zu fragen.

Am Tag seiner Abreise schenkte der Vater Till ein Fläschchen mit Seifenblasen. Ihr wisst schon, so ein dickes Blechröhrchen. Wenn man den Deckel abschraubt, ist an dem so ein Ding festgemacht, das sieht wie ein kleiner Schneebesen aus. Wenn man durch den Schneebesen bläst, fliegen lauter Seifenblasen heraus, verteilen sich im Zimmer und zerplatzen dann auf Möbeln und dem Fußboden.

Till war ganz begeistert von den schwebenden Farbkugeln und blies und blies und sah zu, wie die kleinen Wunderkugeln langsam herunterschweben und dann mit einem Blup zerplatzten.

Schließlich war die Seifenblasenlauge alle.

„Kannst du mir bitte neue machen, Papa“, rief Till.

Aber da war der Vater schon fort. So war Till auf sich selbst angewiesen. In den nächsten Tagen probierte er mit den verschiedensten Seifenlaugen herum. Schließlich fand er heraus, dass Mutters Spülmittelwasser am besten für Seifenblasen geeignet war.

„Ich gebe es dir aber nur, wenn du mir hoch und heilig versprichst, es nicht in den Mund zu nehmen“, sagte Mutter.

Till versprach es. Er war ja schließlich kein Baby mehr.

Nun konnte er Seifenblasen machen, so viel er wollte.

„Bist du traurig, dass sie alle wieder zerplatzen?“, fragte Mutter.

Aber Till war darüber nicht traurig.

„Stell dir mal vor, die blieben alle im Zimmer liegen. Was sollten wir denn dann mit ihnen machen?“, sagte er und war froh, dass er immer was zu tun hatte. Er musste dann nicht dauernd an die Abreise seines Vater denken. Mit den Seifenblasen war noch ein kleines bisschen Vater dageblieben.

Till fing an, die Seifenblasen genau zu beobachten. Es schien alles wie zufällig und doch bestand da eine gewisse Ordnung. Er dachte, die Seifenblasen schimmerten in allen Regenbogenfarben. Aber das stimmte nicht. Zuerst waren sie weiß. Und dann waren sie immer rosa und hellgrün wie das Seifenkraut. – Ihr wisst ja sicher, dass Seifenkraut der Name einer kleinen rosa Wiesenblume ist. – Ja, und dann … zerplatzten die Blasen meist schon. Till bastelte sich ein trichterförmiges Rohr aus einer Postkarte und blies nicht mehr durch den kleinen Schneeschläger. Da wurden die Seifenblasen schön groß. Wenn sie vor dem dunklen Schrank schwebten, sah man ihre Farben besonders gut. Einmal sah Till, dass die Farben von rosa und hellgrün zu blau und gelb überwechselten.

„Ich sollte die Seifenblase mal auf einen Teller blasen, dann hält sie länger“, sagte er sich. Und das stimmte. Er konnte sogar noch eine kleine Blase in die große hineinblasen. Es sah wunderschön aus.

Später fand Till eine Milchglasscheibe. Die legte er über zwei Schuhkartons. Darunter stellte er ein Teelicht. Nun wurde die Seifenblase von innen beleuchtet, wenn er sie auf der Milchglasscheibe aufblies.

„Licht aus!", rief er seiner Mutter zu.

Es war wie ein Wunder an Farbenpracht im dunklen Zimmer. Mutter machte sich etwas Sorgen, weil Till fast nie nach draußen ging, um mit anderen Kindern zu spielen. Aber sie wollte auch seine Begeisterung für die Seifenblasen nicht bremsen.

„Der Junge vermisst seinen Vater", dachte sie und hörte Tills Beschreibungen geduldig zu, obwohl sie nicht viel dafür übrig hatte.

„Keine Seifenblase ist wie die andere", sagte Till.

„Aber die Farben kommen immer in der gleichen Reihenfolge: Zuerst sind die Seifenblasen ohne Farbe, dann rosa und hellgrün, dann bewegen sich Blau und Gelb in der Kuppel. Die neuen Farben vermischen sich nicht mit den alten, sondern verdrängen sie allmählich in einem lustigen Spiel. Je älter die Seifenblasen werden, umso heller wird das Gelb. Siehst du, jetzt ist es bräunlich golden wie ein Sandsturm in der Wüste. Und jetzt wird es silbergrau vor Alter. Das Türkisblau ist jetzt fast ganz verschwunden. Jetzt kommen die schwarzen Punkte und …"

„Blup!", machte die Seifenblase und war verschwunden.

„Wie lange lebt denn so eine Seifenblase?", fragte Mutter.

„Höchstens vier Minuten." Auch das hatte er schon gemessen.

„Farben sind Taten und Leiden des Lichtes, hat mal ein Dichter gesagt." Mutter war sehr beeindruckt.

Nachdem Till nun wusste, dass seine Seifenblasen immer auf die gleiche Weise geboren und alt wurden, fragte er sich, ob das überall auf der Welt so war. Mutter riet ihm, seinen Vater in Neuseeland danach zu fragen.

„Lieber Vater“, schrieb Till. „Wie geht es dir? Mir geht es gut.

Ich mache viel mit deinen Seifenblasen. Ich möchte wissen, ob Seifenblasen bei dir genau so aussehen wie hier in Deutschland. Bitte mach doch mal welche und schreib mir, wie sie aussehen. Aber ganz genau, von Anfang bis Ende.

Dein Sohn Till.“

Der Vater in Neuseeland freute sich über den Brief. Aber mit Seifenblasen hatte er wenig am Hut. Darum dauerte es eine ganze Weile, bis er sich entschließen konnte, Seifenblasen zu blasen.

Till wartete lange und dachte schon, dieses Neuseeland gäbe es vielleicht gar nicht oder seinen Vater gäbe es vielleicht gar nicht mehr. Aber dann kam doch ein Brief mit wunderschönen Briefmarken.

„Lieber Sohn!“, schrieb der Vater

„Lieber Sohn!“ (Das gefiel Till.)

„Ich habe eine erstaunliche Entdeckung gemacht.

Ich dachte immer, Seifenblasen hätten Spektralfarben, wie sie durch Brechung des Lichtes entstehen, zum Beispiel im Regenbogen. Aber nein, es sind Interferenzfarben, so wie bei den Newtonschen Ringen. Diese Farben entstehen durch eine winzige Bildverdoppelung, wie sie durch die Innenseite und die Außenseite der Wasserblase entstehen.

Und es sind ganz andere Farben als beim Regenbogen. Immer ist es ein Gegensatzpaar, die so genannten Komplementärfarben, die zusammen auftreten. Erst rot und grün, dann, wenn die Wasserwand dünner wird, gelb und blau. Und je dünner die Wasserwand wird – und das wird sie übrigens durch Verdunsten –, umso blasser werden die Farben, bis die schwarzen Punkte das Ende eines Ereignisses ankündigen.

Hast du das alles auch so beobachtet?

Ich freue mich, dass du mich dazu gebracht hast, mich näher damit zu beschäftigen. Manche Dinge sind, wie du nun weißt, überall auf der Welt gleich.

Dein Vater Thomas."

Mutter fand den Brief etwas merkwürdig. Sie mochte die kühle Sachlichkeit nicht. Aber Till freute sich. Er bekam eine Ahnung davon, dass sich nicht nur die Seifenblasen überall auf der Welt gleich verhalten, sondern dass auch sein Vater in Neuseeland immer noch derselbe war wie in Marbach. Und das beruhigte ihn. Er holte den Globus, knipste das Licht darin an und betrachtete lange die andere Seite der Erde.

Mit der Zeit bastelte Till weiter und weiter an seiner Seifenblasen-Lichtbühne und je älter er wurde, umso vollkommener wurde sie.

Er brachte Schrägspiegel an, die das Licht einander zuwarfen und nicht nur das Innere, sondern auch die Seiten der Seifenblasen beleuchteten, sodass das bewegende Farbenspiel noch deutlicher zur Geltung kam. Er baute einen Kasten, den man wie eine Muschel aufklappen konnte. In dessen schwarzem Inneren entfaltete sich dann die Lichtbühne. Und die Seifenblasen wurden jetzt mit einem Gebläse erzeugt, das durch einen winzigen Motor angetrieben wurde.

„Das alles solltest du dir patentieren lassen", sagte seine Mutter bewundernd. Trotzdem machte sie sich Sorgen über ihren Stubenhocker. Sie sparte heimlich Geld. Und eines Tages schlug sie vor, dass Till mit seinem Muschelkasten doch mal nach Neuseeland reisen sollte, um das Wunderwerk seinem Vater zu zeigen.

Till war begeistert und sehr aufgeregt. Die Reise war ein großes Abenteuer, das Till sehr gut bestand.

Sein Vater schien allerdings doch nicht mehr ganz derselbe zu sein, der er in Marbach gewesen war. Jedenfalls sah er nicht mehr so aus. Aber Till musste zugeben, dass auch er nicht mehr ganz so aussah wie damals.

Die beiden verstanden sich aber immer noch gut. Der Vater war stolz auf Tills Erfindungsgabe und seine Ausdauer. Darin entdeckte er einen Teil von sich selbst wieder. Und diesen Teil betrachtete er länger als die anderen Seiten seines Sohnes, die ihm fremd geworden waren.

Lange saßen beide vor der dunklen Muschel, die die Lichtbühne in ihrem Innern beherbergte. Sie sahen immer neuen Farbspielen zu. Manchmal wurden sie dabei an das Weltall und die Planeten erinnert, manchmal an indische Seidentücher oder an Wirbelspiele im Meer.

Aber der Vater nahm Till auch mit in seine Fabrik und zeigte ihm seine Erfindungen. Er fuhr mit ihm zu den schneebedeckten Bergen und ans Meer. Till lernte sogar surfen. Neuseeland war ein herrliches Land. Till konnte jetzt gut verstehen, dass der Vater hier glücklich war.

Nach den Sommerferien kam Till ganz braun gebrannt nach Marbach zurück. Zum ersten Mal sprach er mit seinen Schulkameraden über seinen Vater und seine Ferienerlebnisse. Neuseeland wurde ein fester Bestandteil in seinem Leben.

Aber als er am ersten Abend wieder mit seiner Mutter in der vertrauten Wohnküche saß, da kriegte er so ein Gefühl davon, wer sein Leben eigentlich behütete. Er hätte gern etwas gesagt, aber er hatte einen Kloß im Hals.

„Dein Salat ist eben der beste!“, sagte er darum nur.

Seine Mutter verstand ihn.

Der Zwerg Pumpernickel

Der Zwerg Pumpernickel hatte zwei Freunde. Das waren Riesen. Der eine wohnte im Rundawald, der andere am Eglisee. Es waren nette Riesen. Nur hatten sie, wie das bei Riesen leider oft vorkommt, ihren Kopf oft oben in den Wolken. Dann machten sie seltsame Dinge, die ihnen später Leid taten.

Ganz früher einmal hatte der Egliseeriese auch im Rundawald gewohnt. Aber er hatte sich mit dem anderen Riesen zerstritten. Es war um die Ferien gegangen, glaube ich, die der Egliseeriese immer und immer am Wasser verbringen wollte.

„Dann zieh doch gleich dahin, du Depp!“, hatte der Rundawaldriese geschrien. Später tat es ihm Leid. Aber da war der andere schon fortgezogen.

Beide Riesen hatten den Zwerg Pumpernickel sehr gern, vielleicht, weil er nicht so groß und tolpatschig war wie sie, vielleicht, weil er so lustige Späße machen konnte. Der Zwerg Pumpernickel konnte nämlich auf den Händen gehen und auf einer Hand stehen. Dabei konnte er noch mit dem linken großen Zeh wackeln. Das sollte ihm mal einer nachmachen!

Der Zwerg Pumpernickel wohnte auch im Rundawald. Klar. Wo sollen Zwerge denn sonst wohnen? Aber er besuchte für sein Leben gern den Riesen am Eglisee. Sie gingen nämlich zusammen angeln. Und am Abend machten sie ein Feuer, steckten die gefangenen Fische auf einen Stock und brieten sie. Sie aßen dazu rohe Zwiebeln und Rettiche. Das stank alles ziemlich grässlich, aber schmeckte ganz wunderbar. Sie schliefen gleich an

Ort und Stelle, ohne sich zu waschen. Und der Riese erzählte dem Zwerg von seinen Abenteuern.

Wenn Pumpernickel am nächsten Tag wieder in den Rundawald kam, rief der Waldriese: „Meine Güte, Zwerg. Du siehst ja schwarz wie Pumpernickel aus!" Daher hatte er nämlich seinen Namen. Dann setzte der Waldriese einen großen Kessel Wasser aufs Feuer, tat Kräuter hinein, bis es schön duftete und schäumte. Dann schrubbte er den kleinen Zwerg gründlich damit ab.

Was soll ich euch sagen: Pumpernickel hatte das gern. Denn hinterher gab es Riesenstreuselkuchen und Honigwein. Das war Pumpernickels Leibspeise.

„Na, wie war's denn am Eglisee?", fragte dann der Rundawaldriese scheinbar nebenbei. Dann musste Pumpernickel alles haarklein erzählen. Wie viel Fische, welche Sorte, woher die Zwiebeln? Hatte der Seeriese sie in seinem Garten gezogen oder hatte sie ihm jemand geschenkt? Wer? Lebte der Seeriese immer noch allein oder mit einem Freund zusammen?

Je mehr der Zwerg erzählte, umso mehr fragte der Rundawaldriese.

„Du hast wohl Heimweh nach dem Egliseeriesen?", fragte Pumpernickel.

„Aber nein", rief der Rundawaldriese. „Der Kerl soll bleiben, wo er ist. Mit einem, der sich die Zwiebeln schenken lässt, will ich sowieso nichts zu tun haben." Aber Pumpernickel sah, wie der Riese ein bisschen weinte.

Kam Pumpernickel dann das nächste Mal an den Eglisee, hatte der Riese dort schon die kleine Angel für ihn bereitgelegt. Wenn sie dann friedlich am Wasser saßen, fragte der Seeriese:

„Na, wie war's im Rundawald?"

Pumpernickel musste alles haargenau erzählen. Wie der Streuselkuchen geschmeckt hatte, und ob es überhaupt noch richtigen Honigwein gab. Wer denn das Feuerholz holte. Hatte der Waldriese vielleicht einen neuen Freund? Das wäre ja noch schöner. Wo er doch immer gesagt hatte, er wolle allein leben.

„Ich glaube fast, du hast Heimweh nach dem Rundawaldriesen", sagte Pumpernickel.

„I bewahre", rief der Egliseeriese. „Der Langweiler kann mir doch gestohlen bleiben!" Und er stampfte so wütend mit dem Fuß auf, dass der ganze Eimer mit Würmern ins Wasser fiel. Die Fische taten sich daran gütlich, ohne gefangen zu werden. An diesem Abend gab es deshalb nur Zwiebeln und Rettiche.

Allmählich wurde es Pumpernickel aber zu dumm mit der ständigen Fragerei, Heulerei und Stampferei. Er wollte ja schließlich nur seine Freunde besuchen und dabei seinen Spaß haben. Sollten sie sich doch selber fragen, wenn sie so dringend etwas vom andern wissen wollten. Aber Pumpernickel zögerte lange, das den Riesen zu sagen. Er wollte sie nicht beleidigen und auch ihre Freundschaft nicht verlieren, denn er hatte sie ja, wie gesagt, beide gern. Aber schließlich ging es nicht anders.

„Du, hör mal", sagte er darum eines Tages, als er gemütlich im Kräuterkessel beim Rundawaldriesen saß. „Frag mich heute bitte nicht, wie es am Eglisee war. Ich möchte mit dir Spaß haben und nicht, dass du wieder heimlich auf den Streuselkuchen weinst. Ich bin nämlich nicht dein Spion."

Der Rundawaldriese schwieg verstört. Von dieser Seite hatte er es noch nie betrachtet. Er war eben kein Zwerg. Aber von da an war es aus mit der ewigen Fragerei.

Als Pumpernickel das nächste Mal am Seeufer saß, um mit dem Egliseeriesen zu angeln, sagte er: „Frag mich jetzt bitte nicht, wie es im Rundawald war. Ich möchte nämlich mit dir Spaß haben und nicht, dass du jedes Mal den Würmereimer ins Wasser kickst. Und außerdem bin ich nicht dein Spion."

Der Egliseeriese schwieg verdutzt. Von dieser Seite hatte er es noch nie betrachtet. Er war ja auch kein Zwerg. Aber von da an war Schluss mit der Fragerei, und Pumpernickel hatte es gut. Er hatte viel Spaß am See und viel Spaß im Wald. Er musste überhaupt nie überlegen, wo er lieber sein wollte, denn er war überall willkommen.

Der falsche Anzug

Hannes lag auf seinem Bett und heulte. Seine Augen waren schon ganz verschwollen. Ab und zu schlug er mit den Fäusten auf sein Kissen, so eine Wut hatte er. Seit drei Tagen war er schon nicht mehr in der Schule gewesen. Seine Mutter wusste nun bald nicht mehr, was sie machen sollte.

Da klingelte das Telefon. Kurz darauf klopfte die Mutter an die Tür. „Hannes, komm doch mal. Dein Freund Marco ruft nun schon das vierte Mal an. Na, komm!"

Schließlich rappelte sich Hannes auf und schlurfte ans Telefon.

„Hm?", brummte er in den Hörer.

„Du, Hannes", rief Marco am andern Ende. „Heute haben wir doch Fußball. Kommst du?"

„Nee", brummte Hannes wieder. „Bin krank."

„Aber das stimmt doch gar nicht, Hannes. Sag mir doch, was los ist. Ich bin doch dein Freund, echt, he!"

„Na wegen mei'm Vater", murmelte Hannes nach einigem Zögern.

„Ist der abgehauen?"

„Hm. Hm!"

„Aber Hannes, da brauchst du dir doch keinen Kopf machen. In unserer Klasse sind fünf Väter abgehauen. Und ich hab ja auch einen Stiefvater."

„Was? Deiner ist ein Stiefvater? Das merkt man aber nicht." Hannes war sehr erstaunt. „Und wer sind die andern?"

„Na, Claudia und Ute und Stefan und, warte mal, ja, Dennis und Fabio."

„Was, der auch?“ Na, wenn das so war, dann brauchte Hannes sich ja auch nicht mehr zu schämen.

„Also, was ist? Kommst du jetzt zum Fußball?“, fragte Marco drängend. „Ohne dich haben wir kaum eine Chance.“

„Na, gut. Bin um zwei da.“ Hannes Stimme klang schon wieder ganz normal.

Nach vier Wochen sollte Hannes seinen Vater zum ersten Mal wieder treffen. Er wollte nicht, aber er sollte. Irgendwie wollte er auch, aber er wusste gar nicht, wie er sich verhalten sollte. Darum hätte er sich um die ganze Sache lieber gedrückt. Aber dann ging er doch in das Café, wo sein Vater schon an einem Tisch in der Ecke saß.

„Tag“, sagte Hannes und sah seinen Vater kaum an. Sie aßen jeder ein Stück Käsekuchen.

„Ich hab dir was mitgebracht“, sagte der Vater und holte ein Paket unterm Tisch hervor. Hannes wurde neugierig. Als er das Paket öffnete, kam ein Illmaticanzug zum Vorschein, ein wahnsinnstoller, weißblauer Sportanzug, eigentlich viel zu teuer zum Kaufen. Hannes war begeistert. Er nahm den Anzug heraus, hielt sich die Hose an und seine Miene verfinsterte sich. Der Anzug war viel zu groß.

„Behalt doch deinen Scheiß für dich, du Blöder“, schrie er und warf das Paket seinem Vater vor die Füße. Die ganze Enttäuschung der letzten Wochen rollte in dicken Tränen aus seinen Augen.

Der Vater war geschockt. Alle Leute im Café drehten sich nach ihm um. Er fühlte die Wut in sich hochkochen. Aber weil er erwachsen war und einen größeren Überblick über das Leben hatte, ließ er sich zu keiner Dummheit hinreißen. Er hob den Anzug auf und verpackte ihn wieder sorgfältig.

„Lass gut sein, Hannes. Wir sehen mal, was sich machen lässt.“

Er zahlte und ging aus dem Café. Hannes trottete hinter ihm her. Sie überquerten den Marktplatz und in der Krämergasse gingen sie in den Laden, in dem der Vater den Anzug gekauft hatte.

Die Verkäuferin arbeitete schon lange in dem Sportgeschäft. Sie hatte viele Väter und Söhne kommen und gehen sehen. Mittlerweile hatte sie einen Blick dafür, ob die beiden immer oder nur selten zusammen waren. An Hannes entdeckte sie eine große Wunde, so, als ob einer vom Fahrrad gefallen wäre und sich aufgeschürft hätte. Nur, dass man diese Wunde äußerlich nicht sehen konnte. Der Vater hatte auch so eine Wunde.

„So", sagte sie und nahm den Illmaticanzug aus der Verpackung.

„Dein Vater muss ja eine sehr hohe Meinung von dir haben, wenn er dich schon für so groß gehalten hat." Sie lachte Hannes aufmunternd zu und suchte im Regal nach einer kleineren Nummer.

Hannes probierte den neuen Anzug an und diesmal passte er sehr gut. „Ja, ja", sagte die Verkäuferin. „Da denkt man immer, nur die Kinder müssten lernen, mit etwas Neuem fertig zu werden. Dabei ist es bei den Erwachsenen ganz genauso."

Erstaunt sahen Vater und Sohn zuerst die Verkäuferin und dann sich gegenseitig an. „Ist doch wahr", sagte sie. „Bisher hat wohl immer deine Mama die Anziehsachen gekauft."

„Ja, aber …", fing der Vater an. Aber die Verkäuferin ließ ihn gar nicht ausreden.

„Willst du den Anzug gleich anbehalten oder soll ich ihn einpacken?", fragte sie. Hannes wollte ihn anbehalten.

„Danke", sagte er ganz leise und schob seine Hand in die seines Vaters.

Als die beiden zurück über den Marktplatz schlenderten, ging Hannes nicht hinter, sondern neben seinem Vater.

Das Geheimnis der Königin der Nacht

Vicki lebte mit ihrem Vater in der Stadt. Der Vater hielt viel von Ordnung, Sauberkeit und Pflichtbewusstsein. Er war ein erfolgreicher Werbefachmann. Vicki fehlte es an nichts. Ihr geräumiges Zimmer war mit allen Geräten ausgestattet, die Kinder sich nur wünschen können. Stets war Vicki nach der neuesten Mode gekleidet. Den Haushalt besorgte eine Haushälterin. Vicki besuchte eine gute Schule und hatte nette Freunde.

Nur eines hatte Vicki nicht: eine Mutter. Das heißt, sie hatte zwar eine, aber die wohnte weit, weit weg auf dem Land und Vicki durfte sie nicht besuchen. Wegen Alkohol oder so, hatte Vicki gehört. Sie hatte überhaupt so dies und das gehört, was sie wohl nicht hören sollte. Aber selbst konnte sie sich nicht an ihre Mutter erinnern. Irgendwann einmal hatte sie aufgehört, nach ihr zu fragen.

Aber jetzt war sie elf Jahre alt und fing an sich zu überlegen, wie sie wohl einmal als erwachsene Frau sein würde. Darum bestand sie energisch darauf, ihre Mutter einmal besuchen zu dürfen. Schließlich musste es der Vater erlauben. So fuhr Vicki einige Stunden mit dem Zug, bis sie in einem kleinen Ort ankam. Als sie ausstieg, war sie sehr aufgeregt und sah sich erwartungsvoll um.

Erst nachdem sich die meisten Leute verlaufen hatten, kam eine rundliche Frau auf sie zu. Sie trug ein T-Shirt, einen langen bunten Rock und hatte die Haare locker aufgesteckt.

„Bist du die Victoria?“, fragte sie und lachte freundlich.

Vicki nickte. Die rundliche Frau umarmte sie herzlich. Sie hatte gar kein Parfum und roch ein bisschen nach Seife und Erde. All das registrierte Vicki genau, denn das sollte ja ihre Mutter sein, also ein Teil von ihr selbst.

„Willst du Mama oder Eva zu mir sagen?", fragte die Frau jetzt, nahm Vickis Koffer und ging zu einem Jeep. „Na, komm, kletter' rein!" Vicki war stumm vor Staunen. Sie fuhren erst die Landstraße und dann einen Holperweg entlang, bis sie zu einem kleinen Haus kamen, das eher gewachsen als gebaut aussah, so schief war es.

„Siehst du, hier wohne ich", sagte Eva.

Hinter dem Haus war ein kleiner Bauernhof mit vielen Tieren: Ziegen, Hühner, Enten, Karnickel, zwei Schafe, zwei Katzen und ein Hund. Und um den Hof und das Haus herum war ein großer Garten mit Teich und einem gläsernen Gewächshaus. Alles sah ganz unwirklich aus, wie in einem Bilderbuch, fand Vicki. „Gehört das alles dir?", fragte sie staunend.

Eva nahm sie mit ins Haus und zeigte ihr, wo sie schlafen sollte. Das Zimmer war klein und fein wie eine Puppenstube, mit bemalten Möbeln und karierter Bettwäsche.

„Dusche und Waschbecken sind unten in der Küche. Das wird dir ein bisschen ungewohnt sein", sagte Eva. „Aber wir werden uns schon einigen."

„Wo ist denn der Fernseher?", fragte Vicki. Als sie erfuhr, dass Eva gar keinen hatte, dachte sie: „Na, das kann ja heiter werden!"

Zum Abendessen gab es Brot, Butter, Käse und Sauermilch mit Himbeeren. „Das habe ich alles selbst gemacht beziehungsweise gezogen", sagte Eva. „Schmeckt es dir?"

„Wer macht denn hier die ganze Arbeit?", fragte Vicki.

„Na, ich“, sagte Eva. „Was dachtest du denn?“

„Wir haben eine Haushälterin.“

Eva fing an den Tisch abzuräumen. „Hilfst du mir ein bisschen?“

Aber Vicki wusste nicht wie.

„Stell einfach alles hier rüber auf den Spülstein.“

Vicki fühlte sich fremd und ihr war weinerlich zumute. Diese runde Frau mit den rauhen, abgearbeiteten Händen und dem ungeschminkten Gesicht sollte ihre Mutter sein? Kein Wunder, dass ihr Vater nicht mit ihr zusammenleben wollte. Aber sie musste jetzt vier Wochen hier bleiben.

„Ich habe ein schönes Buch für dich. Vielleicht willst du ja vor dem Schlafen noch etwas lesen“, sagte Eva. Vicki gähnte.

„Und morgen zeige ich dir dann alles hier rundherum. Auch den Platz, wo du geboren bist.“

Auf einmal war Vicki wieder hellwach: „Ich bin hier geboren?“

Ihre Stimme überschlug sich fast vor Staunen.

„Natürlich. Ich bin doch deine Mutter. Aber jetzt geh erst einmal schlafen. Du musst ja todmüde sein.“

Vicki fühlte sich kein bisschen müde. Aber kaum lag sie im Bett, da war sie auch schon eingeschlafen.

Als Vicki am nächsten Morgen aufwachte und aus dem Fenster sah, war Eva schon im Hof. „Komm runter“, rief sie fröhlich. „Du kannst mir die Ziege halten.“

„Wozu das denn?“, grummelte Vicki, während sie sich Hose und T-Shirt anzog. Im Ziegenstall stank es.

„So riechen eben die Ziegen“, sagte Eva ungerührt. „Halt mal die Liese an den Hörnern fest und kraule sie ein bisschen. Dann lässt sie sich leichter melken.“

Vicki hatte noch nie eine Ziege festgehalten oder beim Melken zugesehen. Irgendwie war das faszinierend.

„In ein paar Tagen kannst du auch melken. Pass nur auf!“, sagte Eva. Dann gab es die Ziegenmilch zum Frühstück und sie schmeckte tatsächlich nicht schlecht.

Den ganzen Tag erfuhr Vicki lauter neue Dinge. Sie hatte gar keine Zeit, sich zu langweilen. Eva schien tausend Sachen zu kennen, zu können und zu erzählen. Zum Mittagessen pflückten sie sich junge Erbsenschoten, die sie in zerlassene Butter tunkten. Das schmeckte sehr lecker. Und zum Abendessen gab es Holunderküchlein. Die wurden aus den weißen Holunderblüten gemacht, die Eva in Teig tunkte und in Fett ausbriet. Vicki gefiel es immer besser und immer weniger dachte sie an die große Stadt, in der sie zu Hause war.

„Morgen Nacht bist du vor zwölf Jahren geboren“, sagte Eva auf einmal. Das hatte Vicki ganz vergessen.

„Schon morgen?“, fragte sie.

„Ja, das werden wir natürlich gebührend feiern. Weißt du eigentlich, warum du Victoria heißt?“

Nein, das wusste Vicki nicht. Sie wusste ja so vieles nicht.

„Dann erzähl’ ich’s dir morgen“, sagte Eva. „Und nun schlaf schön und träume einen Geburtstagstraum!“

Auf dem Frühstückstisch stand ein wunderbarer Kuchen. Zwölf Bienenwachskerzen prangten darauf und dazwischen lagen kandierte Veilchen und Rosenblätter. Neben dem Kuchen lagen Schafwollsocken und andere kleine Päckchen.

„So viel Stern’ am Himmel stehn, so viel Glück soll zu dir gehn“, sagte Eva und gab Vicki den ersten, vorsichtigen Kuss.

„Hast du das auch alles selber gemacht?", fragte Vicki.

„Ja, jedes Jahr an deinem Geburtstag habe ich eine Bienenwachskerze gemacht und für dich aufgehoben", sagte Eva. Und dann sprach sie schnell von etwas anderem, denn ihre Augen waren auf einmal feucht geworden.

Wie sie den Tag verbracht hatten, das wusste Vicki später nicht mehr. Aber den Abend und die Nacht, die würde sie ihren Lebtag nicht vergessen.

Eva nahm sie mit ins Gewächshaus. Und da, in der Mitte war ein Seerosenteich. Überall standen Kerzen.

„Das sind ja riesige Blätter!", sagte Vicki und deutete auf den kleinen Teich.

„Ja, da kann ein richtiges Menschenbaby draufliegen. Nicht nur Däumelinchen. Du kennst doch das Märchen von Däumelinchen?"

Vicki kannte es nicht und Eva las es ihr vor. Es war feierlich und friedlich in dem Gewächshaus. Durchs Dach schienen die Sterne und man hörte eine Grille zirpen. Vicki knabberte Kekse.

„Also, auf so einem Blatt hast du gelegen", sagte jetzt Eva, „denn du bist hier an diesem Ort geboren." Vicki hörte auf zu knabbern.

„Schau mal da rüber", flüsterte Eva. Vicki sah, wie sich ganz langsam eine große, weiße Seerose öffnete. Es war wie ein Wunder.

„Sie blüht nur eine Nacht", sagte Eva leise. „Sie heißt Victoria cruziana und stammt aus dem Amazonas in Südamerika. In der nächsten Nacht wird sie rosa, und dann sinkt sie auf den Grund des Flusses, wo das Samengehäuse aufbricht. Die Samen fließen mit der Flussströmung davon und beginnen woanders ein neues Leben. Sie müssen schnell wachsen, damit ihre Blätter immer die Wasseroberfläche erreichen und eine neue Königin der Nacht erblühen kann. Gerade, als du geboren warst, ist hier eine Victoria aufgeblüht. Da haben wir dich auf ein Blatt gelegt und nach ihr genannt."

Fast unmerklich war Vicki immer näher an ihre Mutter herangerückt. Jetzt legte sie ihren Kopf in Mutters Schoß und erinnert sich dunkel an längst vergangene Zeiten.

„Und dann?“, fragt sie.

„Du kennst ja deinen Vater gut. Dann weißt du auch, dass er hier nicht bleiben konnte. Und ich konnte ihn nicht begleiten. Aber, dass er fortging, brach mir fast das Herz. Darum hab ich getrunken. Dann kamen die Leute vom Jugendamt und brachten dich zu deinem Vater. Das war auch gut so. Und später, als ich wieder gesund war und dich hätte holen können, da dachte ich an die Samen der Victoria, die immer weiter fließen, aber niemals zurück.“

Vicki und ihre Mutter weinten. Aber mehr aus Freude, als aus Kummer.

„Ich bin so froh, dass ich das jetzt alles weiß“, sagte Vicki. „Früher war da nämlich immer ein großes, schwarzes Loch.

Und jetzt bin ich richtig stolz auf meinen Namen. Vorher fand ich ihn ein bisschen blöd.“

In den kommenden Wochen lernte Vicki viel über Bäume, Vögel und Früchte, über Blumen, Ziegen und Marmelade. Sie lernte sogar Brennesselsuppe kochen. Aber am meisten lernte sie über den Anfang ihres Lebens und die Liebe von zwei Menschen, wie sie unterschiedlicher nicht sein konnten.

Als sie schließlich mit ihrem Köfferchen und einer riesigen Tasche mit Feld-, Wald- und Garteninhalt auf dem Bahnsteig stand, sagte Vicki: „Darf ich in den nächsten Ferien wiederkommen, Mama?“

Und das war der Satz, den sich ihre Mutter immer erträumt hatte.

Zitterschnäuzchen

Wenn Simon anfing zu weinen, dann zitterte seine Unterlippe. Das sah süß und sehr komisch aus. Darum lachten seine älteren Geschwister auch immer, wenn sie es sahen. Simon fand das gemein.

„Was denn, sollen wir etwa immer mitheulen?", fragte sein Bruder flapsig. „Da hätten wir ja viel zu tun."

Es stimmte leider, Simon weinte oft. Er hatte aber auch einen schweren Stand. Erst war sein Vater ausgezogen. Dann hatte seine Mama einen anderen Mann geheiratet, der noch zwei große Kinder mitgebracht hatte. Und nun gab es auch noch ein neues Baby. Simon war also weder groß, noch war er der Kleinste. Er schien einfach keinen Platz zu haben. Aber wie sollte man das ändern?

Eines Tages brachte Simons neuer Vater ganz unerwartet ein kleines weißes Kaninchen mit. Alle Kinder kamen angerannt.

„Ach, ist das süß! Gehört das jetzt uns?", fragten sie.

„Nein, es gehört nur einem von euch. Nämlich dem, dem es am ähnlichsten sieht", sagte der Vater.

Das Kaninchen saß ganz ängstlich auf dem Teppich, machte große Augen und … sein Schnäuzchen zitterte unaufhörlich.

Die Kinder sahen zuerst das Kaninchen und dann Simon an. Es war klar, wem das Kaninchen gehören würde.

„Ich war mal in Burma", sagte der Vater. „Da habe ich eine Kaninchengeschichte gehört. In der wird erzählt, warum das Kaninchen ein Zitterschnäuzchen hat."

„Erzählen, erzählen!", riefen die Kinder, denn Vaters Geschichten waren immer lustig.

„Es war einmal ein wunderschönes weißes Kaninchen", begann der Vater. „Und im gleichen Wald lebte auch ein kleiner Frosch. Der beneidete das Kaninchen wegen seiner Schönheit. Darum wollte er ihm einen Streich spielen. Er versteckte sich hinter einem Stein, und als Kaninchen vorbeihoppelte, schrie er ganz laut ‚Quaaak'!

Das arme Kaninchen erschrak furchtbar, machte einen großen Satz und versteckte sich in einem hohlen Kürbis, der am Wege lag. Der Kürbis rollte einen Abhang hinunter und erschreckte einen Fasan. Der Fasan flog auf und landete auf einem Bambuszweig. Der Zweig brach ab und fiel auf ein Wildschwein, das gerade eine Gurke aß. Die Gurke fiel ihm aus der Schnauze und rollte in einen Teich. In dem Teich wohnte aber Naga, der schreckliche Drache.

Aus seinem Mittagsschläfchen aufgeschreckt, wollte er wütend auf die Gurke einschlagen. Aber die Gurke jammerte:

‚Ich bin unschuldig. Das Wildschwein hat mich fallen lassen.'

Da stürzte sich der Drache auf das Wildschwein. Aber das grunzte:

‚Ich bin unschuldig. Der Bambus hat mich erschreckt.'

Der Bambus schob die Schuld auf den Fasan, der Fasan auf den Kürbis. Und aus dem Kürbis kam das kleine weiße Kaninchen.

Der Drache sah es böse an und schrie:

‚Jetzt werde ich dich fressen!'

Das arme Kaninchen wagte nicht, sich zu rühren, und wagte auch nichts zu sagen. Nur sein Schnäuzchen zitterte vor Aufregung.

Naga, der Drache starrte auf dieses kleine Zitterschnäuzchen. Er war geradezu fasziniert davon. Es sah so rührend und auch sehr komisch aus.

Und auf einmal fing der Drache an zu lachen. Er lachte und lachte. Er war überhaupt nicht mehr wütend, sondern trollte sich vergnügt zurück in seinen Teich.

Das kleine Kaninchen war froh, dass der Drache es nicht gefressen hatte. Und Frosch war froh, dass Kaninchen ihn nicht verraten hatte. Aber sein Zitterschnäuzchen, das behielt Kaninchen für immer. Und alle seine Nachkommen bekamen es auch. Jeder, der das sieht, wird daran erinnert, dass Kaninchen einen Drachen zum Lachen gebracht hat. Dann muss man natürlich auch lachen, so wie ihr immer."

Simon hatte das weiße Tierchen auf seinen Arm genommen. Es fühlte sich weich und warm an.

„Hua, ich bin Naga, der Drache", rief Simons großer Bruder. Das Kaninchen kuschelte sich ängstlich an Simon an und sein Schnäuzchen zitterte. Alle lachten und Simon fühlte sich nicht schlecht dabei. Denn er hatte jetzt auch etwas Besonderes: ein weißes Kaninchen mit einer Geschichte.

„Wie soll es denn heißen?", fragte der Vater.

Was meint ihr wohl, was Simon gesagt hat?

Das gehäkelte Leben

Elsi und Urs waren schon am frühen Morgen brummig und grantig. Großmutter war nicht zu beneiden. Die Cornflakes waren nicht richtig, die Milch zu heiß, der Saft zu sauer. Schwarzbrot wollten sie auch nicht und aus Großmutters selbst gekochter Marmelade machten sie sich gar nichts. Betrübt räumte Großmutter den Frühstückstisch wieder ab.

Als das Telefon klingelte, sprangen beide Kinder auf und rannten hin. Sie stritten sich um den Hörer. Es war aber nur die Nachbarin, die anrief, um sich ein paar Eier auszuborgen.

Enttäuscht hockten sich die Kinder in eine Ecke. Elsi wollte die Eier nicht zur Nachbarin bringen und Urs wusste überhaupt nicht, was er heute machen wollte. Elsi kaute am Zipfel ihres Kragens und schaute betrübt zum Fenster hinaus. Es regnete.

Urs kaute an seinen Fingernägeln.

Wieder klingelte das Telefon. Diesmal ging Großmutter dran und sagte lange nichts. Urs hatte ein Würgen im Hals, als müsse er sich erbrechen, so aufgeregt war er.

Schließlich sagte Großmutter: „Ja, Elsa. Ist gut.“ Dann gab sie Urs den Hörer und er hörte die Stimme seiner Mutter. Er war so glücklich und traurig zugleich, dass er gar nicht verstehen konnte, was sie sagte. Jetzt war Elsi an der Reihe. Sie hörte eine Weile zu. Dann sagte sie: „Kommt Papa dann nie wieder?“

Dann hörte sie wieder eine Weile zu. Aber schließlich legte sie den Hörer auf die Gabel, ohne noch etwas gesagt zu haben.

Sie legte ihren Arm um ihren kleinen Bruder. So standen sie und sahen hinaus in den Regen.

Großmutter musste nun selber zur Nachbarin gehen und dann weiter in den Laden, denn von den Kindern wollte keines mitkommen.

Als sie wiederkam, standen die beiden immer noch so da.

Großmutter brachte den Einkaufskorb in die Küche und kam mit einer Tüte zurück ins Wohnzimmer. Aus der Tüte schüttelte sie lauter große, bunte Wollknäuel, mit Wolle so dick wie Paketschnur.

Drei Häkelhaken, dick wie Großmutters Zeigefinger, fielen auch aus der Tüte, und sie sagte:

„So, jetzt wird gehäkelt!"

„Wir können aber nicht häkeln", sagte Elsi maulig. Großmutter ließ sich nicht beirren.

„Dann lernt ihr's eben!", sagte sie und gab den Kindern die Häkelhaken in die Hand.

Elsi wählte sich rote Wolle und Urs grüne. Großmutter zeigte ihnen, wie man eine Schlaufe macht und wie man das Eichhörnchen (das war der Häkelhaken) dann durch das Loch schlüpfen lassen kann, um den Wintervorrat in die Höhle zu ziehen.

„Und schlupf und zieh und schlupf und zieh."

Manchmal erwischte das Eichhörnchen die Früchte nicht, dann musste es noch einmal durchs Loch schlüpfen. Aber das machte ja nichts. Die Finger waren die Zweige des Baumes, durch die sich der rote oder grüne Faden der Früchte zog.

So ging es eine ganze Weile, bis Elsi plötzlich fragte:

„Was häkeln wir eigentlich?“

Urs fand, dass das doch egal sei. Es machte ihm einfach Spaß.

Aber Großmutter sagte:

„Wir häkeln ein Lebensband.“

Darunter konnten sich die Kinder natürlich gar nichts vorstellen.

„Als ich klein war“, erzählte Großmutter, „da dachte ich, die Großen waren immer groß und die Kleinen immer klein. Vater und Mutter, dachte ich, die sind wie Säulen. Auf denen ruht das Dach der Familie und darunter spielen die Kinder.“

„So ist es doch auch“, sagte Elsi. „Und wenn dann eine Säule wegbricht …“ Ihre Augen füllten sich mit Tränen und sie konnte nicht weitersprechen. Aber ehe Urs auch anfangen konnte zu weinen, sagte Großmutter:

„Nein, so ist es nicht. Menschen sind nicht wie Säulen, die immer gleich waren, sind und sein werden. Menschen sind wie Bäche, Flüsse und Ströme, immer in Bewegung, immer in Veränderung. Erst sind sie winzig klein, dann werden sie immer größer. Mal fließen sie hier, mal fließen sie da. Eure Mutter war mal viel, viel kleiner, als ihr jetzt seid. Das könnt ihr mir ruhig glauben, denn ich bin ihre Mutter. Ich kenne sie nun schon ihr Leben lang.“

„Aber wie konnte sie denn unsere Mutter sein, wenn sie so klein war?“, fragte Urs verwundert. Er hatte überhaupt nicht begriffen, was Großmutter sagen wollte.

„Nein, Urs, als sie so klein war, da war sie natürlich noch nicht eure Mutter. Da war sie mein Kind. Dann ist sie gewachsen und gewachsen. Und eines Tages hat sie euern Vater getroffen. Der war an einem ganz anderen Ort auch ein Kind gewesen und gewachsen.“

„Und dann haben sie uns gemacht und dann sind wir gewachsen", sagte Elsi.

„Und jetzt sind wir schon größer, als Mama mal war", sagte Urs und begriff langsam, worauf das Ganze hinauslief.

„Darum häkeln wir jetzt mal so Lebensbänder, damit wir uns das ganze Woher und Wohin richtig vorstellen können", sagte Großmutter.

„Du meinst vorlegen."

„Wie?"

„Du meinst doch, dass wir uns das dann mal auf dem Fußboden vorlegen können, wo die Lebensbäche angefangen haben und wo sie hinfließen", sagte Elsi. Irgendwie verstand sie die Dinge immer ein bisschen schneller als Urs. Das ärgerte den. Aber er würde von nun an bis in alle Ewigkeit ihr jüngerer Bruder bleiben. Das hatte auch etwas mit der Häkelschnur zu tun. Mit dem Anfang nämlich.

Als die Kinder mit ihrem Lebensband fertig waren, gab es erst mal Pfannkuchen zum Mittagessen. Und diesmal maulte Urs kein bisschen, obwohl er das Rhabarberkompott etwas sauer fand.

Nach dem Essen sagte Großmutter, nun müssten sie auch noch Lebensbänder für die Eltern häkeln. Beide Kinder wollten gerne eins für Mama häkeln, mit blauer Wolle. Für Papa wollten sie keines häkeln.

„Der war ja so gemein und ist einfach weggegangen", sagte Urs.

Aber Großmutter bestand darauf, dass auch für Papa ein Band gehäkelt würde.

„Wenn er nicht wäre, dann wärt ihr gar nicht auf der Welt."

„Warum?", fragte Urs. Aber Elsi konnte es ihm erklären. Daraufhin war er bereit, mit gelber Wolle ein Lebensband für seinen Papa zu häkeln.

„Ich vermisse ihn so", sagte er leise. „Und ich weiß gar nicht, ob er mich auch vermisst. Was meinst du, Großmutter?"

Großmutter sagte, dass die Eltern beide eine schwere Zeit durchmachten, weil sie nicht wussten, wie sie ihre Lebensströme weiter nebeneinander fließen lassen könnten, ohne dass einer von ihnen dabei sich selbst verlieren würde.

„Ich dachte, nur Kinder können ihre Eltern verlieren. Können Eltern auch sich selber verlieren?", fragte Elsi. Und Großmutter erklärte ihr, wie das gemeint war. Nämlich, dass man dem andern zuliebe lauter Dinge tun musste, die man eigentlich nicht wollte, und an Orten leben, wo man unglücklich war, und so weiter. Oder zum Beispiel, dass Mama immer schimpfen musste, wenn kein Geld da war, obwohl sie gar keine Schimpfemama sein wollte.

Mittlerweile hatten die Eichhörnchen genug Vorrat in ihre Winterhöhlen geholt. „Schlupf und zieh, schlupf und zieh", sodass es nun auch eine lange blaue und eine lange gelbe Schnur gab.

Großmutter legte einen bunten Stein dahin, wo Mama geboren war, und einen dahin, wo Papa geboren war. Und das war ziemlich weit auseinander. Dann zogen die Lebensbänder ihren Weg, immer aufeinander zu, bis sie sich eines Tages trafen. Da lag dann der weiße Hochzeitsstein. Jetzt war Elsi an der Reihe. Sie nahm einen Rosenquarzstein und legte ihn an die Stelle ihrer Geburt. Jetzt flossen schon drei Lebensbänder nebeneinander. Urs nahm einen grünen Stein für seinen Geburtsplatz, der in Afrika lag. Also musste die ganze Lebenslaufschlange einen Bogen dahin machen. Urs wollte nicht an der Seite fließen, sondern sein Band in die

Mitte zwischen Papas und Mamas liegen haben. Alle sahen, was das für eine Veränderung für den Familienstrom war.

Dann wollte Papas Band weiter geradeaus laufen, aber Mamas Band wollte wieder nach Deutschland zurück. Die Bänder der Kinder mussten mit Mama mitfließen.

„Da kann man ja eigentlich nicht sagen, dass Papa weggegangen ist“, sagte Urs und sah nachdenklich auf die Wollbänder.

„Hier ist heute“, rief jetzt Elsi und legte eine große Muschel in die Mitte des Zimmers. „Wie soll es nun weitergehen?“

Mamas blaues Band und Papas gelbes Band flossen an den Rändern rechts und links. In der Mitte war viel mehr Platz als früher. Das rote und das grüne Band der Kinder konnte hier oder da fließen oder auch mal hier, mal da. Und eines Tages würde es überhaupt ganz woanders hinfließen, so wie das früher bei Mama und Papa auch gewesen war. Je länger Elsi und Urs mit allen Möglichkeiten ihrer Lebensbänder herumspielten, umso fröhlicher wurden sie. Sie hatten nicht mehr das Gefühl, unter zusammenbrechenden Säulen begraben zu werden.

In den sechs Wochen, die sie noch bei ihrer Großmutter waren, ehe sie ihr neues Zuhause bezogen, spielten sie viel mit den Lebensbändern. Sie ließen sie in die verschiedensten Richtungen und durch die verschiedensten Länder fließen. Großmutter musste sich auch noch eines häkeln. Und eines für Großvater, das jetzt im Himmel (also auf dem Sofa) weiterfloss.

Schließlich bat Urs seine Großmutter, das gelbe Band an Papa nach Südafrika zu schicken. Sie musste auch einen Brief dazu schreiben, den er ihr diktierte und in dem er seinem Vater erklärte, wie das mit dem Häkeln, dem Eichhörnchen, den Lebensbändern und all den Sachen war. Einmal, vielleicht bald, würden die Kinder ihn in Afrika besuchen, ließ Elsi schreiben. Oder das gelbe Band würde wieder zurück nach Deutschland fließen. „Denn mit Lebensbändern kann man fast alles machen."

Papa in Afrika war sehr erstaunt, als er das gelbe Wollband auspackte. Aber er freute sich sehr, dass Großmutter auch an ihn gedacht hatte, obwohl er nicht ihr Sohn, sondern nur der Vater ihrer Enkelkinder war.

Blatt für Blatt

Es war einmal ein Junge, den schob seine Mutter jeden Morgen auf den Balkon. Dort saß er dann in seinem Rollstuhl und schaute auf die Bahnstation des kleinen Ortes.

Wenn die Mutter ihre Arbeit getan hatte, holte sie den Jungen wieder herein. Aber dann war er jedes Mal so wütend, dass er mit der Faust auf den Rollstuhl schlug und sich die Haare büschelweise ausriss.

Schließlich ging die Mutter mit ihm zum Arzt.

„Herr Doktor", sagte sie. „Sie müssen meinem Bub ein Beruhigungsmittel verschreiben. Ich weiß mir keinen Rat mehr." Müde setzte sie sich auf den Stuhl vor seinem Schreibtisch.

Der Arzt ließ sich erklären, um was es ging.

„Weiß der Himmel warum, aber er ist oft so wütend, dass er sich die Haare büschelweise ausreißt. Und wenn's nicht die Haare sind, dann sind es die Blätter von meinen Topfpflanzen. Sein Kopf und mein Gummibaum sehen sich jetzt sehr ähnlich. Wie soll das denn weitergehen?"

„Das ist ja wirklich schlimm", sagte der Doktor und sah sich die ausgerissenen Haarbüschel und Blätter an. „An was mag das nur liegen?" Und er schlug einen Test vor.

„Sprich mir einfach alles nach", sagte er zu dem Jungen:

„Die Blätter sind grün."

„Die Blätter sind grün", sagte der Junge.

„Die Blätter sind grün."

„Die Blätter sind grün", wiederholte der Junge.

„Die Blätter sind grün."

„Die Blätter sind grün."

„Welche Farbe haben die Blätter?"

„Die Blätter sind grün", sagte der Junge.

„Aber nein", rief der Doktor. „Du solltest mir doch nur alles nachsagen." Da war der Junge verdutzt.

„Erzähl mir mal, warum du immer so wütend wirst", sagte jetzt der Doktor.

„Weil es so langweilig ist."

„Was?"

„Immer das Gleiche", sagte der Junge. „Das tut richtig weh."

„Was ist immer das Gleiche?", fragte der Doktor.

„Na der Bahnhof. Morgens kommt ein Zug. Da steigen die Leute ein. Dann ist lange nix. Mittags kommt ein Zug. Da steigen die Leute aus. Immer das Gleiche." Der Junge stöhnte.

„Hm", machte der Doktor und strich seinen Bart. „Das lange Nix interessiert mich. Komm morgen wieder und beschreibe es mir ganz genau."

„Ja, aber …", sagte die Mutter, und der Doktor nahm einen Rezeptblock und schrieb darauf: 3-mal täglich ein halbes Glas Orangensaft.

Am nächsten Tag brachte die Mutter den Jungen wieder zum Arzt und der Junge erzählte:

„Wenn der Zug weg ist, kommen Tauben und picken die Krümel vom Bahnsteig. Da steht auch ein kleiner Baum. Der Hund vom Bahnwärter kommt und pinkelt an den Baum. Sein Herrchen ruft ihn; und sie gehen zur Bahnschranke."

„Für nix ist das ja ziemlich viel", sagte der Doktor und strich sich den Bart. „Und ist das immer das Gleiche?"

Der Junge wusste es nicht.

„Man müsste das testen", schlug er vor. Der Doktor war einverstanden.

„Teste es eine Woche lang und komm dann wieder", sagte er. Und auf einen Rezeptblock schrieb er: 2-mal täglich einen halben Apfel. Die Mutter lächelte.

Von jetzt an konnte die Mutter dem Jungen morgens die Socken gar nicht schnell genug anziehen, denn er hatte ja eine wichtige Aufgabe vor sich. Er beobachtete die Tauben, wie sie sich um ein Stück Brot stritten. Dann kam eine Krähe und schnappte den Tauben den Happen weg. Unerhört! Der kleine Hund lief am Baum vorbei. Erst am Ende des Bahnsteigs fiel es ihm ein. Er lief noch einmal zurück und hob sein Bein. „Komisch", dachte der Junge. „Kann er ohne Baum nicht pinkeln?"

Er besprach das alles mit dem Doktor und der erzählte ihm etwas von Duftmarken, die Hunde an ihren Baum setzen.

Am nächsten Tag war es sehr windig. Aber der Junge wollte unbedingt auf seinen Balkon hinaus. Etwas wirbelte über seinem Kopf und fiel auf seinen Schoß. Es war ein Blatt. Kein grünes, sondern ein gelbes. Der Junge schaute hinunter zu dem kleinen Baum, von dem der Hund glaubte, dass er ihm gehöre. Der Baum war gar nicht mehr grün, sondern gelb, rot und braun.

„So sehr hat er sich verändert und ich habe es nicht bemerkt?" Das verwunderte den Jungen.

Jetzt begann er, sich die Menschen näher anzusehen, die morgens in den Zug stiegen und mittags heimkehrten. Gewöhnlich stiegen fünf Kinder mit Schultaschen in den Zug. Sie fuhren wohl ins Gymnasium in der Stadt. Einmal waren es nur vier. Früher hätte der Junge das gar nicht bemerkt. Jetzt machte er sich Gedanken. Wo war das fünfte Kind geblieben? War es vielleicht krank? Er sah das Kind, das gar nicht da war, mit Windpocken im Bett liegen. Gerade wurde es mit weißer Salbe eingerieben. Die roch nach Lebertran. Der Junge konnte es genau riechen. Und obwohl seine eigenen Windpocken schon lange vorbei waren, juckte es ihn am ganzen Körper. Ja, bald würde das Kind wieder gesund sein. Und tatsächlich: Eines

Tages war es wieder da und stieg mit den anderen lachend und schwatzend in den Zug.

Die Winde wurden stärker und rissen dem kleinen Baum alle Blätter ab. „Auch das habe ich nie bemerkt“, dachte der Junge. Beim Anblick des kahlen Baumes wurde ihm ein wenig bange. Würde er, von dem der kleine Hund glaubte, dass er ihm gehöre, je wieder grüne Blätter haben? Die Blätter wirbelten durch die Luft wie ein prächtiger Vogelschwarm und verschwanden.

Der Junge saß nun im Zimmer und hielt sein gelbes Blatt in der Hand. Und obwohl das alles nicht mehr da war, konnte er sich doch ein Bild machen, von den grünen Blättern des Frühlings und den roten des Herbstes. Ja, er konnte sie sogar riechen. Er sah die Krähe, die sich doch nur einmal hatte blicken lassen, sah den kleinen Hund des Bahnwärters und das gesund gewordene Kind. So genau hatte er sich alles gemerkt, dass er die Anzahl der Tauben und die Farbe ihres Gefieders genau vor sich sah.

Von Zeit zu Zeit erzählte er das alles dem Doktor. Er zeigte ihm das gelbe Blatt, das ihn gelehrt hatte, auf Veränderungen zu achten. Und der Doktor sagte:

„Du solltest alles aufschreiben, Blatt für Blatt.“

„Ich kann nicht schreiben“, sagte der Junge. Aber auch das war kein Hindernis mehr. Seine Mutter zeigte ihm, wie er mit der linken Hand auf der Schreibmaschine tippen konnte. So wurde aus ihm in diesem Winter ein Schriftsteller.

„Andere haben ein gelebtes Leben. Ich habe ein erzähltes Leben“, sagt er und schrieb es auf, Blatt für Blatt, grün, gelb und rot.

Haben Flamingos nur ein Bein?

Also, dass einer auf so einem dünnen Stelzfuß so lange die Balance halten kann, das ist schon ein kleines Weltwunder. Aber stehen die Flamingos auf einem Bein, weil sie nur eins haben oder, … ja, oder aus einem anderen Grund? Diese Unklarheit hat einmal viel Unbehagen über eine kleine Prinzessin und ihre Mitmenschen gebracht. Das war nicht etwa eine Sache von geringer Bedeutung und hat sich auf folgende Weise zugetragen:

In einem südlichen Land lebte einmal ein König mit seiner kleinen Tochter. Diese Tochter war überaus hübsch, aber leider sehr seltsam. Alles, was sie besaß, musste rosa sein. Da die Mutter des Kindes früh gestorben war, hatte der König Anweisung gegeben, der armen Prinzessin jeden Wunsch von den Lippen abzulesen. Und so bekam sie rosa Kleider, rosa Bettwäsche, rosa Bilderbücher, Waschlappen und Strümpfe, rosa Möbel, rosa Zahnpasta und rosa Pudding. Wenn jemand sie fragte, warum denn bei ihr immer alles rosa sein müsste, dann sagte sie nur:

„Ich liebe Flamingos."

Ihre Mutter hatte ihr einen rosa Morgenrock hinterlassen mit einem Flamingofederkragen. In den kuschelte sie sich oft und schaute traurig aus ihrem Erkerfenster auf die rosa Rosenbeete im Garten.

Das wäre ja alles noch nicht so schlimm gewesen, wenn die kleine Prinzessin nicht noch eine andere Eigenart gehabt hätte. Schenkte ihr nämlich jemand eine Puppe oder einen Teddy – rosa natürlich – dann riss sie ihnen sofort ein Bein aus. Fragte die Kammerzofe dann nach dem Grund, antwortete sie wieder trotzig:

„Ich liebe Flamingos."

Über ihrem Bett hing ein Bild, das ihre Mutter gemalt hatte. Darauf standen an einem Seeufer lauter Flamingos, alle auf einem Bein, schlafend.

Berichteten die Dienstboten dem König von diesem seltsamen Treiben, so pflegte er unwirsch zu sagen: „Ach was, sie ist doch noch ein Kind. Das verwächst sich." Er war immer sehr beschäftigt, mit Regieren und Kriegführen und derlei. Von kleinen Mädchen verstand er rein gar nichts.

Einmal kam der König des Nachbarlandes zu Besuch. Den wollte unser König gern zum Freund und Verbündeten haben. Darum ließ er ihn fürstlich bewirten. Gegen Ende des Festmahls wurde die kleine Prinzessin hereingerufen, um einen Hofknicks zu machen. Die Frau des fremden Königs hatte ihr eine kostbare alte Porzellanpuppe mitgebracht. Die kleine Prinzessin nahm sie, bedankte sich, riss ihr sofort ein Bein aus, warf es hinter den Thronsessel, dass es klirrend zersprang, und ging dann mit der einbeinigen Puppe zufrieden zum Saal hinaus. Die Festgesellschaft erstarrte. Die fremde Königin bekam einen Kreischanfall und verlangte, dass sofort angespannt und nach Hause gefahren werde.

„Bei solchen Barbaren bleibe ich keine Minute länger", schrie sie, „nein, nein und abermals nein."

Ihrem Mann, der das alles eigentlich nicht so eng sah, blieb nichts anderes übrig, als ihrem Wunsch zu folgen.

Jetzt endlich war unser König bereit, über das seltsame Gebaren seiner Tochter nachzudenken und seine Minister anzuhören.

„Es geht doch nicht an, dass eine Prinzessin sich so verhält. Und das in aller Öffentlichkeit", sagte einer.

„Ja, eine Prinzessin ist doch von großer Wichtigkeit und ein Vorbild für die ganze Nation", sagte ein anderer. „Stellen Euer Majestät sich mal vor, wie furchtbar es wäre, wenn alle Kinder im Land sie nachahmten und ihren Teddys und Puppen die Beine ausrissen. Ein Verfall der Moral!"

„Ja, ist sie denn so böse", fragte der König erregt. „Soll ich sie denn verstecken und in einen Turm einsperren?"

„Die Prinzessin ist krank, Euer Majestät. Ihre Seele leidet", sagt da der älteste Minister.

„Hat sie nicht alles, was man sich nur denken kann? Wird ihr nicht jeder Wunsch von den Lippen abgelesen? Ja, was fehlt ihr denn noch?", rief der König.

„Eine Mutter", antwortete der alte Minister.

Da weinte der König, denn auch er hatte seine Frau von Herzen lieb gehabt.

„Was ist da zu tun?", fragte er ohne Hoffnung. „Denn wieder heiraten werde ich nie und nimmermehr."

Nach langem Schweigen sagte einer:

„Unten am Fluss lebt eine weise Frau. Euer Majestät sollten sie kommen lassen. In ihrem langen Leben hat sie viel von der Seele der Menschen erfahren."

Da schickte der König einen Boten an den Fluss. Aber die weise Frau ließ sagen, sie sei zu alt, um noch irgendwohin zu gehen. Wer wirklich was in seinem Leben ändern wolle, der solle nur zu ihr kommen. Da ergrimmte der König.

„Was bildet sie sich ein?", schrie er. „Bin ich hier nicht der König und habe zu befehlen?" Und er befahl, die widerspenstige Alte in den Turm zu werfen.

„Wenn Ihr das tut", gab der älteste Minister zu bedenken, „dann wird sie sterben und niemandem ist geholfen. Denn sie ist die Einzige in Eurem Königreich."

Da nahm der König seinen Befehl zurück. Einen Tag und eine Nacht saß er grübelnd am Fenster. Dann ließ er die Kutsche anspannen und fuhr mit seiner Tochter hinunter an den Fluss.

„Wohin fahren wir?“, fragte die kleine Prinzessin, denn ihr Vater hatte sie noch nie mitgenommen.

„Zu einer Waldfrau“, antwortete der Vater vorsichtig. Da war die kleine Prinzessin gespannt.

Das letzte Stück mussten sie zu Fuß gehen, denn der Waldpfad war zu schmal für eine Kutsche. Die Waldfrau empfing sie freundlich, bedankte sich für die Mühe, die die Reisenden mit dem langen Weg auf sich genommen hatten, und fragte nach ihrem Begehr.

„Meine Tochter ist seltsam“, sagte der König tief betrübt. „Und wie soll eine Prinzessin, die seltsam ist, einmal ein Königreich regieren? Das macht uns allen große Sorgen.“

Die kleine Prinzessin staunte, denn sie wusste von diesen Sorgen nichts.

„Was bedeutet ‚seltsam‘?“, fragte sie.

Da merkte die Waldfrau, dass die Welt, in der die Prinzessin lebte, eine ganz andere war als die Welt des Königs und der Minister. Sie bat den König, auf einer Kiste am Fenster Platz zu nehmen. Ohne es zu verbessern, sollte er dem Gespräch des Kindes lauschen, während er in den Wald hinausschaute.

Sie ließ nun die Prinzessin mit seltenen Steinen, Muscheln und Federn spielen und fragte sie dies und das. So erfuhr sie eine Menge aus der rosa Welt: von Ängsten, Traurigkeiten und Flamingofedern. Dem Vater wurde zum ersten Mal klar, wie einsam sein Kind in seinem rosa Paradies war, wie wenig es wusste. Manchmal wollte er etwas berichtigen. Aber dann legte die Waldfrau den Finger auf den Mund und bedeutete ihm, nur zu lauschen und zu verstehen. Einem König, der sonst immer handelt und befiehlt, fällt das schwer.

„Und ich will einfach nicht, dass meine Teddys und Puppen zwei Beine haben, wenn doch die schönen Flamingos von meiner Mutter nur eins haben“, sagte die kleine Prinzessin gerade. Jetzt wollte der König wirklich widersprechen, aber die Waldfrau fragte:

„Hast du schon einmal lebendige Flamingos gesehen?“

„Nein“, sagte die Prinzessin. „Nur die auf dem Bild.“

Da bat die Waldfrau den König, mit seiner Tochter hinunter an den Fluss zu gehen. „Dort im Brackwasser gibt es viele Flamingos“, sagte sie. „Schaut sie euch an. Dann kommt und erzählt mir, was ihr gesehen habt.“

Die kleine Prinzessin war begeistert. Nach anfänglichem Befremden fand auch der König Gefallen an dieser ungewöhnlichen Tätigkeit. Erst nach Stunden kamen die beiden zurück, die seidenen Kleider bis zu den Knien voll Schlamm.

„Stell' dir vor“, rief die Prinzessin schon von weitem. „Flamingos haben gar nicht nur ein Bein. Sie haben zwei. Eines verstecken sie im Gefieder, meist wenn sie schlafen, die Schlingel, damit ihnen nicht *beide* Füße kalt werden. Aber am Tage stapfen sie herum und mit ihren krummen Schnäbeln sieben sie das Wasser durch. Sie fressen die kleinen Wassertiere, die im Schnabelsieb hängen bleiben. Gescheit, nicht? Sie sind auch nicht alle rosa“, fuhr sie fort. „Einige sind auch rot oder weiß und ein bisschen schwärzlich. Ach, es ist herrlich am Fluss. Nicht wahr, Papa?“

Der König lachte vergnügt, bedankte sich bei der weisen Frau, belohnte sie fürstlich und fuhr zurück ins Schloss.

„Was hat die Alte gesagt? Was verboten, was befohlen? Welche Ratschläge, welche Medizin?“, fragten aufgeregt die Minister.

„Gar keine“, antwortete der König und ritt von nun an jede Woche mit seiner Tochter über Land. Er lehrte sie fischen und jagen, reiten und regieren. So hatte die Prinzessin zwar immer noch keine Mutter, aber wenigstens einen Vater, der ihr die Welt erklärte und der sie liebte. Da warf sie allen rosa Plunder weg und riss keinem Teddy mehr ein Bein aus.

Nur den rosa Flamingomorgenrock, den behielt sie. Und wenn sie jemandem das Bild mit den einbeinigen Flamingos zeigte, dann sagte sie immer: „Merkt euch das. Die Welt ist ganz, ganz anders, als man glaubt."